Couverture inférieure manquante

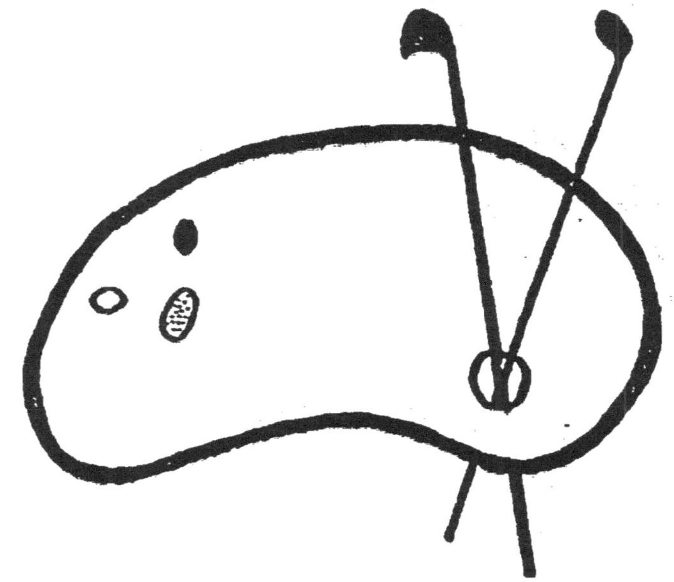

DEBUT D'UNE SERIE DE DOCUMENTS
EN COULEUR

ASSEMBLÉES NOCTURNES

DANS LE MORTAINAIS

PENDANT LA TERREUR

ET PROCÉDURE QUI LES SUIVIT

(JUIN 1794)

PAR

M. Y. MENARD, CHANOINE TITULAIRE

DE COUTANCES

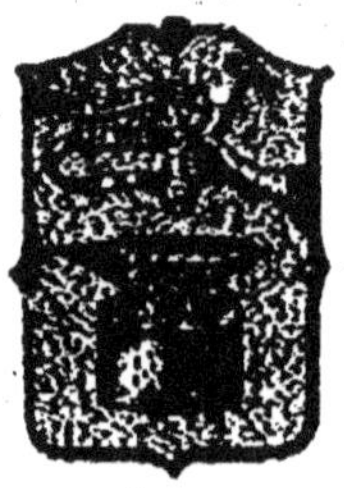

AVRANCHES

IMPRIMERIE TYPOGRAPHIQUE & LITHOGRAPHIQUE DE JULES DURAND

Rues Bourdle, 2, & Quatre-Œufs, 24

—

1898

ASSEMBLÉES NOCTURNES

DANS LE MORTAINAIS

PENDANT LA TERREUR

ET PROCÉDURE QUI LES SUIVIT

(JUIN 1794)

PAR

M. Y. MÉNARD, CHANOINE TITULAIRE

DE COUTANCES

AVRANCHES

IMPRIMERIE TYPOGRAPHIQUE & LITHOGRAPHIQUE DE JULES DURAND

Rues Boudrie, 2, & Quatre-Œufs, 24

1898

ASSEMBLÉES NOCTURNES

DANS LE MORTAINAIS

PENDANT LA TERREUR

ET PROCÉDURE QUI LES SUIVIT

(JUIN 1794)

———◦○◦———

Vers le mois de juillet 1896, en faisant des recherches aux archives de la Manche, nécessitées par nos précédents travaux, nous découvrîmes éparses dans les liasses 1 et 1 (*bis*), M. 4-4, An II, les pièces d'une affaire, qui fit beaucoup de bruit dans le département de la Manche, à l'époque de la Terreur, et amena de nombreuses arrestations.

Nous eûmes le désir d'en reconstituer le dossier et nous pûmes y parvenir, au moins en grande partie. Nous retrouvâmes, en effet, deux rapports adressés par l'agent national du District de Mortain, l'un au représentant Le Carpentier, l'autre au Comité de Salut public ; les minutes des interrogatoires des prévenus et beaucoup d'autres documents, qui complètent l'instruction et permettent d'en suivre les différentes phases.

C'est à l'aide de ces renseignements que nous avons composé notre travail. Nous avons cru devoir le publier, pour sauver de l'oubli, où il était déjà tombé depuis longtemps, un des épisodes les plus intéressants de la Révolution dans le pays de Mortain.

Nous exposerons d'abord les faits, puis nous suivrons pas à pas la longue instruction qu'ils motivèrent, laissant au lecteur le soin de recueillir les enseignements et de tirer les conclusions qui se dégagent de notre récit.

I

A la fin de juin 1794, les églises étaient fermées depuis plusieurs mois au culte catholique et ne s'ouvraient plus que pour les fêtes décadaires. Les prêtres constitutionnels, qui n'avaient pas voulu consommer leur apostasie en livrant leurs lettres de prêtrise, étaient eux-mêmes jetés en prison comme des fanatiques incorrigibles.

Toutefois, un commencement de réaction se faisait sentir dans le département de la Manche et en particulier dans le Mortainais, dont les populations honnêtes et éminemment religieuses avaient peine à supporter le joug de l'impiété révolutionnaire. Des prêtres fidèles, cachés durant le jour, sortaient la nuit de leurs retraites et parcouraient les campagnes pour affermir dans la foi les âmes courageuses, rassurer les timides et relever celles qui étaient tombées sous les coups de la tempête. Ils organisèrent même des assemblées nocturnes, dans lesquelles ils firent entendre de courageuses protestations et reçurent les rétractations de prêtres assermentés et d'officiers municipaux (1). Parmi les plus célèbres réunions du district de Mortain à cette époque furent celles de Beauficel et du Mesnil-Gilbert, dont nous allons parler.

Le principal promoteur de ces assemblées fut le célèbre abbé Rondel, qui joua, pendant la Révolution, un rôle si retentissant

____

(1) On y revalidait sans doute aussi les mariages, car on demanda à l'un des prévenus « s'il ne savait pas que quelques personnes s'y fussent fait marier et même remarier. » (Interrogatoire de Louis Delabroise, du 14 messidor).

dans le pays de Vire et la partie méridionale du département de la Manche.

Il était né à Talvende-le-Grand, en 1768. Après avoir refusé le serment, il resta habituellement caché dans la paroisse de Roullours, au moulin des Monts, avec plusieurs autres prêtres. « D'un génie hardi et entreprenant, dit M. R. Séguin, qui l'avait connu, il était assez fort et vigoureux pour soutenir les plus grandes fatigues ; il commença d'aller de village en village, de hameau en hameau, prêchant, catéchisant de maison en maison, disant la messe sur un autel portatif, ainsi que tous les autres prêtres, car on trouvait de ces autels chez presque tous les principaux catholiques royalistes. L'abbé Morcel de Talvandes, qui avait le pouvoir d'en bénir, n'en consacra pas moins de quarante dans un seul jour. Rien n'était capable d'arrêter le zèle de la plupart des prêtres, quand il s'agissait d'administrer les sacrements à quelque mourant. L'abbé Rondel, surtout, ne craignait rien : la vue d'une mort certaine ne l'empêchait point d'aller porter les secours de son ministère à tous ceux qui les demandaient. Aucune crainte, aucune considération ne pouvaient l'arrêter, quand il s'agissait du salut des âmes ; il confessait jour et nuit, tant qu'il avait du monde, et le peuple y accourait en foule. Extrêmement sobre et austère, la nourriture la plus commune lui suffisait : le plus souvent elle ne consistait qu'en un morceau de pain grossier et de l'eau ou du petit cidre. Il parcourut ainsi une partie des départements du Calvados, de la Manche et de l'Orne, et particulièrement les arrondissements de Vire, de Mortain, de Domfront, d'Avranches, de Coutances, de Saint-Lo, etc. Il tenait quelques fois de grandes assemblées dans des hameaux écartés, loin des révolutionnaires, qui le haïssaient à mort et le poursuivaient sans relâche. Il y prêchait publiquement, disait la messe et y faisait toutes les fonctions du ministère. » (1)

L'assemblée de Beauficel eut lieu au village des Longschamps, dans la nuit du 3 au 4 messidor An II, c'est-à-dire du samedi 21 au dimanche 22 juin 1794. Le souvenir de la messe qu'on y

---

(1) *Histoire de la Chouannerie*, t. II, p. 76, 77.

célébra était encore vivant dans la paroisse, il y a peu d'années.
Il est ainsi rappelé dans un travail rédigé, en 1866, sur les
événements de la Révolution à Beauficel : « En 1794, l'église
fut envahie et dévastée par les bleus et fut convertie en écurie.
Il y eut cependant des messes dans la paroisse. Elles étaient
dites par des prêtres étrangers : on pense que c'était par les
messieurs Surbled de Talvende. La réunion des fidèles se faisait
au village des Longschamps, et les saints mystères étaient célé-
brés dans les appartements du fermier. » (1)

Pendant la plus grande partie de l'instruction qui suivit les
faits que nous allons rapporter, les témoins traduits devant
l'agent national du District de Mortain, n'avaient pas cité le
nom du célébrant, soit qu'ils ne le connussent pas, soit qu'ils
ne voulussent pas le compromettre. Ce fut seulement le 29
messidor (17 juillet) qu'une femme déclara (2) « qu'elle avait
entendu dire que ce prêtre s'appelait Rondel. »

Il arriva aux Longschamps dans la soirée du 21 juin 1794.

---

(1) *Archives diocésaines*, conférence de 1866. — Le curé constitutionnel de Beauficel s'appelait Jean-Henri Duhamel. Il était âgé, en
1794, do 53 ans. Il refusa de livrer ses lettres de prêtrise et fut mis
en prison à Mortain, le 11 thermidor An II (29 juillet 1794). Il n'en
sortit que, le 7 pluviose An III (25 janvier 1795), sur l'ordre du représentant Legot. (Arch. de la Manche, 1. M. 4-4, An II).

(2) «.... Est comparue devant nous, suivant notre réquisition, la
citoyenne Michelle Guesdon, femme Boré, ancien jardinier de la
Herpinière, en Beauficel, cultivatrice, âgée d'environ 40 ans et domiciliée dans ladite commune de Beauficel.... »

» A elle demandé si elle ne connait pas celui qui a dit la messe ou
si elle n'a pas entendu citer son nom ?

« A répondu qu'elle ne l'avait jamais vu, qu'elle a seulement *entendu
dire qu'il s'appelait Rondel, sans savoir d'où il est.* »

Quelques jours après la célébration de cette messe, Madame Bellefontaine raconta à la veuve Launay et au sieur Sonnet, de Brouains,
dont nous parlerons plus tard, « qu'une femme lui avait procuré ce
prêtre, qui se présenta chez elle le soir pour souper, coucher et
satisfaire à l'intention qu'elle avait prononcée. Elle nous assura, con-
tinuent ces derniers, ne point connaître ce prêtre, n'avoir pas même
bien vu sa figure, n'ayant été éclairé que par une mauvaise *rousine*
à la maison, et à la grange par un bout de chandelle ou de cierge
fort mince,.. »

Ce village était alors habité par la famille Bellefontaine, composée de M. Jacques Bellefontaine, de sa femme, née Jacqueline Gesbert, âgée d'environ 60 ans et de leurs quatre enfants, deux garçons et deux filles, Anne et Marie-Jeanne, dont l'aînée avait à peine seize ans. Les deux garçons étaient sur le point de partir pour faire leur service militaire ; aussi, Madame Bellefontaine fut heureuse, disait-elle, de rencontrer un prêtre fidèle qui allait célébrer le Saint Sacrifice pour obtenir de Dieu la conservation de ses fils (1).

M. l'abbé Rondel soupa chez M. Bellefontaine, puis on prépara un autel dans la grange et la messe commença vers minuit.

Les catholiques des alentours avaient été avertis en secret de l'heure de la cérémonie. Il s'y trouva une centaine de personnes, parmi lesquelles deux prêtres assermentés, qui devaient faire publiquement leur rétractation : c'étaient MM. Jacques Bion, vicaire du Mesnil-Tôve, et Chapin, vicaire de Périers-en-Beauficel. Le premier, né à Beauficel, avait prêté le serment schismatique, mais il avait refusé de livrer ses lettres de prêtrise (2)

------

(1) La femme de Jean Hamon, née Ledru, déclara, dans sa déposition du 27 messidor, que Mme Bellefontaine lui avait dit : « J'ai tant cherché un bon prêtre que j'en ai trouvé un qui va dire la messe pour empêcher que les enfants, que j'ai eu tant de peine à élever, ne soient tués à la guerre. » On lit ailleurs : « afin d'obtenir de Dieu qu'il ne parte dans la première réquisition qu'un de ses enfants et que l'autre puisse lui rester. »

(2) Voici le procès-verbal de la déclaration que fit M. l'abbé Bion à la mairie du Mesnil-Tôve, le 30 avril 1794 : « Le 11 floréal, deuxième année de la République, s'est présenté à la maison commune le citoyen Jacques Bion, prêtre de la commune du Mesnil-Tôve, qui nous a déclaré se soumettre à la volonté du peuple souverain exprimée par ses représentants ; que non seulement il avait interrompu toute fonction publique, mais encore voulait vivre en bon républicain, et, d'après la réquisition du comité de surveillance, nous a déclaré ne pouvoir nous remettre ses lettres, ignorant où elles sont. »

« Fait ce dit jour et an que dessus. Signé Jacques Bion. » (*Archives municipales du Mesnil-Tôve*).

et s'était retiré dans sa famille. L'abbé Chapin était de Saint-Pois (1).

Après la messe et le chant du *Veni Creator*, ils lurent à haute voix leur rétractation et déclarèrent que les messes qu'ils avaient célébrées étaient sacrilèges et que les sacrements, qu'ils ne pouvaient administrer validement sans juridiction, étaient nuls. Ils demandèrent l'absolution de leurs fautes et donnèrent les marques les plus touchantes de repentir.

Le frère de M. l'abbé Bion, qui était capitaine de la garde nationale de Beauficel et greffier de la municipalité, vint à son tour rétracter le serment civique qu'il avait dû prêter avant d'entrer en fonctions. Il fut suivi de MM. Germain, maire de Brouains, Charles Ledoux, greffier de cette commune, et d'un membre du comité de surveillance, nommé Levasseur, qui, dès la veille, avait donné sa démission.

M. l'abbé Rondel fit un discours, dans lequel il dit qu'il avait été déjà arrêté par la municipalité de Sourdeval et l'administration du District de Mortain, qu'il avait réussi à s'échapper, et qu'il ne fallait rien craindre, parce que Dieu gardait ceux qui s'exposaient pour sa cause. (2)

Ce ne fut pas la seule fois qu'il put se soustraire aux poursuites des patriotes. Un dimanche qu'il disait la messe à la Lande-Vaumont, un bataillon républicain arriva de Vire pour le prendre. Les soldats entourèrent l'église et en gardèrent toutes les issues. La panique fut générale. Les assistants se pré-

---

(1) « M. l'abbé Chapin, lisons-nous dans la conférence de Périers-en-Beauficel de 1866 (*Arch. diocésaines*), fut vicaire de M. Lentaigne, curé constitutionnel de cette paroisse. Il rétracta son serment et devint plus tard curé en Bretagne. »

(2) Dans sa déposition du 24 messidor An II (12 juillet 1794), devant l'agent national du District de Mortain, Mme Bellefontaine rapporte qu'il dit : « Si quelqu'un m'en voulait, je ne le crains point. Dieu m'a sauvé jusqu'à ce jour et déjà j'ai été entre les mains de l'administration du District de Mortain et m'en suis bien tiré... » M. de la Sicotière (*L. de Frotté et les insurrections normandes*, etc. T. I, p. 520) met au compte de M. l'abbé Rondel une plaisante aventure racontée par M. Desfeux (*Anecdoctes, Souvenirs*, etc., p. 49) qui appartient à M. l'abbé Chapel et non Chupel, comme l'appelle M. de la Sicotière.

cipitent aux portes, bien persuadés que l'abbé Rondel allait être massacré. Mais celui-ci prend la cape d'une femme, la met sur sa tête, se dissimule de son mieux sous ce nouvel accoutrement, se perd dans la foule et parvient enfin à sortir sans être reconnu. Il ne faut pas demander s'il gagna promptement la campagne.

Les patriotes, qui croyaient déjà le tenir, le cherchent en vain dans tous les coins de l'église et ne peuvent comprendre comment il a pu disparaître si subitement. Il était déjà en lieu sûr et toutes leurs investigations furent inutiles.

La cérémonie des Longschamps terminée, on annonça qu'une autre assemblée aurait lieu dans la paroisse du Mesnil-Gilbert, au village de la Motte, dans la nuit du lundi 23 au mardi 24 juin, fête de Saint Jean Baptiste. On invita les assistants à s'y trouver et à répandre cette nouvelle autour d'eux, en usant toutefois de la plus grande prudence.

Le lundi soir, M. l'abbé Bion et M. l'abbé Rondel firent une visite à un jeune prêtre assermenté de Chérencé-le-Roussel, M. l'abbé Boussard, afin de le décider à venir au Mesnil-Gilbert rétracter son serment schismatique.

M. l'abbé Etienne Boussard, ordonné prêtre en 1790, avait été vicaire intrus de sa paroisse, puis curé de Juvigny-le-Tertre. Après la fermeture des églises, il revint dans sa famille, qui habitait le village des Fontaines. Il entraîna son père dans le schisme ; mais il ne put vaincre la résistance de sa mère et de ses quatre sœurs. Il est même probable que ce fut à la prière de sa sœur aînée, Louise, que MM. Bion et Rondel firent auprès de lui cette tentative, qui malheureusement ne devait pas réussir. On lira avec intérêt le procès-verbal de la déposition qu'il vint faire spontanément, le 9 messidor (27 juin), et dans laquelle il raconte ces deux visites.

« ... A déclaré que, la veille St-Jean, (vieux stile) le nommé Bion, cy-devant vicaire de la commune du Mesnil-Tove, est entré chez lui, et, après avoir parlé d'affaires indifférentes, il lui a proposé de prendre lecture de plusieurs instructions des prêtres réfractaires, qui étaient faites par les évêques de Boulogne, Bayeux, Langres et Coutances. Il lui parla également d'une bulle de Pie six. Le déclarant croit se rappeler sans en être sûr que ledit Bion se hasarda à lui dire qu'il y aurait bientôt une messe célébrée sans lui dire où ; mais que les réponses du déposant déconcertèrent bientôt ce fanatique, qui repartit avec les instructions contre révolutionnaires et la sainteté de sa bulle.

« Déclare en outre le dit Boussard que le soir un homme inconnu et déguisé à ce qu'il croit, portant dans son chapeau un petit crucifix, lequel était apparent, ce qui tint le déposant en défiance contre cet étranger. Cet inconnu adressé chez lui déposant par quelqu'un qui connaissait sûrement bien le local, le harangua pendant longtemps et voulut l'exciter à le suivre sans lui dire où, même le serra et voulut employer une espèce de force pour l'entraîner malgré luy ; mais que ces tentatives furent vaines et que le fanatisme outré et l'esprit de contre révolution qu'observa chez lui le déposant ne lui donnèrent que plus de force pour résister à ses pressantes sollicitations, ce qui le fit repartir avec le chagrin de n'avoir pas eu le succès qu'il attendait, et ce qui le porta à des excès furieux, tels que de battre la terre de son corps.

« Observe cependant le déclarant qu'il a appris indirectement que c'était un prêtre réfractaire de Bayeux. (1) Son costume était une veste ou habit court de laboureur en couleur bleue ; le gilet d'une couleur dont il ne se rappelle pas ainsi que le reste de son habillement, vu que le jour était tout-à-fait sur son déclin. (2) Sa taille était à peu près de cinq pieds, ses cheveux noirs, figure brune et maigre, la barbe noire, yeux renfoncés, nez aquilin, le tout autant que l'obscurité a pu lui permettre de l'observer. (3)

---

(1) Ce détail intéressant est confirmé par plusieurs témoins, entre autres par Madeleine Lemarchand, veuve de Julien Lepeigné. « S'étant informée, dit-elle, quel était le prêtre qui disait la messe, on lui avait répondu qu'on ne le connaissait pas, qu'on savait seulement qu'il était d'un diocèse étranger ». (Interrogatoire du 9 messidor, an 2).

(²) Marguerite Legent décrit ainsi le vêtement de ce prêtre, dans son interrogatoire du 19 messidor : « Un homme habillé de bleu, ayant une veste noire mailletée, avec un pantalon rayé de bleu et de rouge, son chapeau rabattu... »

(3) Mme Bellefontaine déclara également, le 24 messidor, que le prêtre qui avait dit la messe dans la grange de la ferme des Longschamps, « était d'assez petite taille, brun de cheveux et de visage. »

Il est curieux de rapprocher ces indications du signalement de

« Déclare en outre qu'il eut l'absurdité de lui dire à lui déposant qu'il était l'envoyé de Dieu, lequel lui avait révélé qu'il devait venir trouver lui déposant ainsi que plusieurs autres, pour les faire rentrer dans le sein de l'Eglise leur mère, d'où ils étaient sortis en prêtant un serment qui offensait la divinité ; qu'il tenait sa mission de trois évêques réfractaires, savoir celui de Coutances, celui d'Avranches et celui de Bayeux, qui l'avaient envoyé avec tous les pouvoirs nécessaires pour relever de tous les cas ceux qui avaient prêté serment et qui voulaient revenir à conversion ; que vraisemblablement c'était lui qui faisait les fonctions d'évêque à la messe qui fut célébrée au Mesnil-Gilbert, dans la nuit du 5 au 6 de ce mois ; que le bruit public lui a appris que les nommés Chapin, cy-devant vicaire de Périers, Bion, cy-devant vicaire du Mesnil-Tôve, et Duhamel, cy-devant curé de Notre-Dame de Cresnay, s'étaient trouvés à cette célébration et s'étaient fait relever de leurs serments. Et est tout ce dont se rappelle le citoyen Boussard, qui a signé avec nous après lecture. »

BOUSSARD, *Républicain.*   GUESDON, *Agt. Nat.*

En sortant de chez M. Boussard, M. l'abbé Rondel prit la direction du Mesnil-Gilbert et s'entretint en chemin avec un nommé François Leprovost, lequel déclara à son tour « qu'en revenant de la ferme du Fossé il avait rencontré un étranger habillé de bleu, cheveux bruns, en pantalon, son habit ne lui venant qu'à moitié jarrests, qui lui dit : Mon ami, enseignez-moi le chemin pour aller au Mesnil-Gilbert ; ce que lui répondant fit, en lui disant qu'il n'en était pas bien loin. Alors cet étranger lui dit : Etes-vous de cette commune-cy ?

M. l'abbé Rondel, donné, le 5 fructidor An IV (22 juillet 1796), par l'administration de Mortain au général Digouet, commandant la 5e subdivision : « Taille de 5 pieds un pouce environ, cheveux très noirs et huileux, teint jaune, basané, nez gros et écrasé, yeux renfoncés dont le blanc est bilieux jaunâtre, barbe très noire et a le coup d'œil égaré et sauvage ». Ce portrait, tracé d'après les souvenirs de celui qui le donne, n'est certes pas flatté ; mais il concorde pour l'ensemble avec les détails fournis par les témoins. (Archives de la Manche, cahier de correspondance de l'administration de Mortain).

Ledit Leprovost lui répondit que oui. — Il va se passer de belles choses cette nuit près de votre bourg, dit l'étranger, tâchez de vous y trouver, ou plutôt, si vous voulez vous y trouver. Après quoi, il partit et suivit le chemin que lui répondant avait montré. » (1)

M. Rondel arriva assez tard au Mesnil-Gilbert. On avait résolu, à cause de la foule qu'on attendait, de faire la cérémonie en plein air, et l'on avait choisi pour lieu de la réunion une châtaigneraie située sur le bord du chemin du Mesnil-Gilbert à Cuves, « au bout du jardin à plant du village de la Motte, à peu de distance de l'église ». (2) « Cet endroit, dit encore un témoin, était un grand plant qui se trouvait sur la route du Mesnil-Gilbert à Cuves, et, sous ce même jardin, vers la commune de Cuves, il y avait deux mares ou petits étangs. » (3) C'était tout près d'une rivière, car un autre témoin rapporte qu'il « alla de l'autre côté de la rivière, à cause de la foule. » (4)

Tous ces détails sont d'une exactitude parfaite. Le fief de la Motte, le plus ancien et le plus important du Mesnil-Gilbert, n'est, en effet, qu'à un kilomètre environ de cette bourgade, sur le chemin, à gauche, qui conduit à Cuves.

La ferme se compose actuellement, comme à l'époque de la Révolution, de la maison manable et de plusieurs bâtiments, grange, écuries, étables, pressoir et boulangerie disséminés, comme presque toujours en ce pays, dans un vaste plant de pommiers.

Il y eut là autrefois un manoir, dont naguère encore on

---

(1) Déposition faite, le 16 messidor, par le citoyen François Leprovost, âgé de 63 ans, cultivateur dans la commune du Mesnil-Gilbert.

(2) Déposition de Jean Aguiton dans son interrogatoire du 5 thermidor, à la prison de Mortain.

(3) Dépositions de Marin Couillard, du 8 messidor, et de Jean Aguiton. Mlle Louise Boussard dit dans la sienne du 9 messidor (27 juin) « que le rassemblement devait se tenir sur le chemin de Cuves. Arrivés à cet endroit, ajoute-t-elle, proche les étangs de la Motte, nous assistâmes à une messe... »

(4) Déposition de Jacques Adelée dans son interrogatoire du 3 thermidor, à la prison de Mortain.

voyait les ruines, à l'extrémité du plant, vers le midi. C'était probablement celui du seigneur Gilbert. Il n'en reste plus que quelques débris épars, autour d'un petit monticule, sur lequel il s'élevait. C'est cette motte, comme on disait au Moyen-Age, qui a sans doute donné au fief le nom qu'il a conservé. On a enlevé depuis peu d'années la porte monumentale de la vieille chapelle seigneuriale pour la transporter dans une ferme voisine et la faire servir à un usage qui est loin de rappeler sa destination primitive.

Les deux étangs, dont nous venons de parler, étaient alimentés par un ruisseau, qui descend des côteaux voisins, et formaient de ce côté les fossés du château. Le premier en amont a été desséché. Ces étangs étaient jadis ombragés par des chênes séculaires, dont on admirait les dimensions gigantesques et la luxuriante végétation. Un seul est encore debout comme un vieux témoin de la scène que nous allons décrire. Un cours d'eau sépare le plant de pommiers d'une belle prairie qui s'étend vers le midi jusqu'à la Sée. Le « doux fleuve de Sée », comme l'appelle notre poète avranchois, Jean de Vitel, coule solitaire entre les saules et les aulnes qui bordent ses rives et donne au paysage un aspect d'une grâce et d'une fraîcheur idyllique.

Le cadre était bien choisi pour la manifestation de foi qui allait s'accomplir.

Vers onze heures, les chemins se remplirent d'hommes, de femmes, de vieillards et de jeunes gens se dirigeant en silence vers le village de la Motte, et par petits détachements, pour ne pas éveiller l'attention des patriotes. A minuit l'assemblée s'élevait au moins à huit cents personnes.

Le fermier Jean Delabroise et sa femme, née Anne Delabrousse, étaient connus pour de fervents catholiques, et ce fut encore à cause de cela qu'on choisit leur village pour le lieu de la cérémonie. Le père et les enfants construisirent l'autel du Saint Sacrifice et l'estrade pour la prédication, en avant de la vieille chapelle, dont nous avons parlé (1).

---

(1) Jean Delabroise, fils de François et de Jeanne Lesage du Mesnil-Tove, né en 1746, épousa, le 13 février 1768, Anne Delabrousse du Mesnil-Gilbert, fille de Gilles et de Julienne Bréhier. Les jeunes

La messe fut célébrée en grande pompe, comme aux jours des fêtes solennelles. Puis on alla chercher processionnellement, au chant du *Veni Créator*, le curé constitutionnel de Notre-Dame-des Cresnays, M. l'abbé Jean-Charles Duhamel, qui devait, lui aussi, rétracter son serment schismatique et MM. Bion et Chapin qui voulaient encore réparer, par un nouvel acte d'humilité et d'obéissance à l'Eglise, le scandale qu'ils avaient donné. Ils étaient restés dans la boulangerie de la ferme peu éloignée du lieu de l'assemblée. (1)

M. l'abbé Rondel prononça un discours véhément sur la situation politique et religieuse et traça la ligne de conduite qu'il fallait tenir pendant la persécution.

Un des assistants, Marin Couillard, déclara plus tard « qu'effectivement il s'était dit une messe à la Motte, qu'un autre prêtre harangua le peuple, que le discours de ce prêtre dura une heure et qu'il tendait manifestement à un soulèvement, à la révolte, au mépris des lois républicaines, en un mot à faire couler le sang des citoyens, en les armant les uns contre les autres ; observant en outre qu'il a invité fortement les père et mère de ne pas laisser partir leurs enfants pour la défense de la patrie, et qu'ils devaient plutôt souffrir le martyre que de se soumettre aux lois actuelles, et que Notre-Seigneur en avait souffert bien d'autres pour nous. Qu'il y avait un homme faisant les fonctions de prêtre et d'évêque tout à la fois en relevant les prêtres jureurs du crime qu'ils avaient commis en prestant le serment prescrit par la loi de notre Révolution, et qu'il s'est aperçu que trois prêtres sermentés se sont présentés pour obte-

---

époux s'établirent au Mesnil-Tove. En 1779, Jean Delabroise quitta cette paroisse pour venir sur la terre de Vauborel en Mesnil-Gilbert. Il y resta neuf ans et devint fermier de la Motte, en 1788. Il avait eu son onzième enfant, André, le 26 novembre 1787. (Registres du Mesnil-Tove, du Mesnil-Gilbert et papiers de famille.)

(1) Nous trouvons ce détail consigné dans le rapport de l'agent national de Mortain à Le Carpentier, du 6 juillet 1794. Cet appartement, qui n'est plus à l'usage de boulangerie, existe encore. On peut voir dans la muraille l'ouverture du four, qui a été détruit, il n'y a pas longtemps.

nir leur pardon, dont il en a connu deux, savoir le ci-devant vicaire du Mesnil-Tove, appelé Bion et natif de la commune de Beauficel, et le ci-devant vicaire de la commune de Périers, natif de la commune de St-Pois, nommé Chapin ; qu'il ne connaît pas le troisième ; mais qu'on lui a dit que c'était le ci-devant curé de la commune de Notre-Dame-de-Cresnay ; qu'au surplus il ne connaît ni le nom, ni le lieu de naissance de celui qui a dit la messe et de celui qui prêchait, qu'on lui a dit seulement qu'ils parcouraient différents endroits pour prêcher la contre-révolution, en rappelant le peuple à leur première religion et à leurs bons prêtres, qui n'ont pas voulu prester le serment.... » (1)

Françoise Mochon dit aussi que le prédicateur « prêchoit vivement contre la Révolution, » et elle ajoute « qu'il parla du cy-devant évêque d'Avranches, qu'il falloit reconnaître pour notre seul et vrai évêque et non celui de la Manche... » (2)

Après son discours, le prédicateur présenta à l'assemblée les trois prêtres assermentés en disant : « Voici des enfants qui reviennent à pénitence, priez pour eux. »

Ceux-ci s'avancèrent vers l'autel, prononcèrent à haute voix leur rétractation et demandèrent l'absolution de leurs fautes. Le célébrant les releva des censures qu'ils avaient encourues et leur rendit leurs pouvoirs et juridiction.

Des officiers municipaux, parmi lesquels l'agent national du Mesnil-Adelée, nommé Jacques Adelée, rétractèrent aussi leur serment civique ; puis on récita le chapelet, on chanta le *Te Deum*, et des cantiques comme aux beaux jours de foi.

La cérémonie avait duré plus de deux heures. Une voix

---

(1) Déposition faite, le jeudi 26 juin 1794, par Marin Couillard, devant la commission présidée à Chérencé-le-Roussel par l'agent national du district de Mortain. — D'après cette déposition, un autre prêtre, dont nous ne connaissons pas le nom, accompagnait M. l'abbé Rondel.

(2) Il serait intéressant de rapprocher ce récit d'une page écrite par le témoin d'une autre cérémonie du même genre présidée, l'année suivante, par M. l'abbé Rondel, et dans laquelle il prit encore la parole. Nous ne pouvons le faire ici, mais nous renvoyons le lecteur à la page 32 de la brochure de M. Desfeux (*Anecdotes, souvenirs et faits historiques de la première révolution*, etc).

s'éleva au milieu du silence de la nuit, et l'on entendit ces mots : « Mes frères, le jour vient, dispersez-vous. » Ce fut le signal du départ. L'aube commençait à blanchir la nue du côté de l'orient.

II

Il était impossible que ces deux assemblées, surtout celle du Mesnil-Gilbert, fussent tenues longtemps secrètes. Cette dernière fut en effet connue le jour même. On s'en entretint dans la contrée, et l'agent national du district de Mortain, François Guesdon, qui était venu dans la commune voisine de Chérencé-le-Roussel, pour refaire sa santé ébranlée par une longue maladie, en fut instruit un des premiers. Jeune, intelligent, actif, il s'était distingué dès le début de la révolution par ses idées avancées. Aussi, le représentant Bouret, qui avait *épuré*, comme on disait déjà, les administrations du département, n'hésita pas à lui confier le poste important d'agent national du District de Mortain, bien convaincu qu'il ne reculerait devant aucune mesure pour maintenir et affermir dans le pays le gouvernement révolutionnaire.

A peine Guesdon eut-il appris ce qui venait de se passer qu'il s'empressa de prendre des mesures pour « s'assurer des envoyés de Dieu et de leurs nouveaux prosélytes », surtout des trois prêtres qui avaient rétracté leur serment. « Pour y parvenir, écrivait-il plus tard au Comité de Salut public, je fus chercher trois vrais sans-culottes et les envoyai à la découverte ; mais ils m'apprirent, à mon grand regret, que ces scélérats n'étaient point rentrés chez eux. Alors, je devinai qu'ils n'y reviendraient peut-être pas, d'autant plus qu'on m'apprit qu'ils avoient vendu tous leurs effets quelque temps auparavant. En effet, l'activité permanente de mes espions m'a prouvé que ces rejetons de Madame Théot n'étaient pas rentrés chez eux et qu'ils avoient préféré d'être les courriers du correspondant de Dieu et sûrement de toute la Cour céleste… » (1)

Mais, s'il ne put saisir cette proie, il fit arrêter, pendant la nuit du 24 au 25 juin, le fermier de la Motte, Jean Delabroise, le maire de la commune du Mesnil-Gilbert, Gabriel-Jacques Lecomte et l'agent national Robert-Louis Lecomte, comme fauteurs et complices du rassemblement contre-révolutionnaire de la Motte, puisqu'ils ne l'avaient pas dénoncé au directoire du District. Ils étaient même soupçonnés d'y avoir pris part.

Du reste, la commune du Mesnil-Gilbert était connue pour son hostilité marquée aux idées révolutionnaires, (2) et l'on accusait la municipalité d'entretenir cet esprit dans la population.

M. l'abbé J.-B. Alex. Legrand, ci-devant vicaire assermenté de Villechien, qui avait remplacé, au mois de juin 1792, l'ancien curé, M. Georges Leclair, parti en exil, avait été fort mal reçu et n'avait pas réussi à se faire accepter de la population. Personne ou presque personne n'assistait à sa messe, et l'on usait quelquefois à son égard de procédés fort désagréables. Ainsi, le 14 décembre 1793, pendant qu'il faisait un baptême à l'église, on le menaça des sévices les plus graves ; plusieurs fois on le poursuivit à coup de pierres jusque chez lui, on cassa même les vitres du presbytère ; enfin la situation devint telle qu'il n'osait presque plus paraître en public.

La municipalité affectait d'ignorer ces faits pour les laisser impunis. On comprend que l'agent national du District ne fût pas fâché de tirer vengeance de tous ces méfaits.

Voici comment le maire raconte son arrestation dans une supplique, qu'il adressa de la prison de Mortain au Comité de surveillance de cette ville. « Sous les vingt-quatre heures, trois gens d'armes vinrent frapper à ma porte qui leur fut aussitôt

---

(1) Arch. do la Manche, 1 M. 4-4 An 2, *Rapport du 28 messidor aux comités de Salut public et de Sûreté générale de la Convention Nationale.*

(2) Le 15 plavioze An II (3 février 1794), l'agent national de Mortain écrivait au représentant du peuple Bouret « que le Mesnil-Gilbert était gangréné d'aristocratie, qu'il était pour ainsi dire impossible d'y trouver un citoyen qui osât s'y montrer partisan de la révolution, et que cette commune était avec St-Laurent-de-Cuves le mortel poison du canton de St-Pois. »

2

ouverte. Ils firent perquisition dans mes différens appartemens et n'y trouvèrent aucune chose de suspect. Cependant, ils me dirent de me lever et de me rendre avec eux au bureau de la commune. J'obéis aussitôt et après y avoir passé la meilleure partie du jour, on me dit qu'il fallait me rendre à Mortain, où je suis détenu depuis ce temps. » (1)

L'agent national fut aussi conduit en prison, malgré ses protestations de civisme, car il allégua pour sa justification « qu'il avait acheté les aumôsnes de la commune pour le prix de huit mille cent cinquante livres. » (2)

Nous n'avons aucun détail sur l'arrestation de M. Jean Delabroise.

Plusieurs autres personnes du Mesnil-Gilbert furent également incarcérées ; mais nous ne les connaissons pas, à l'exception de deux femmes, dont nous parlerons plus tard.

Les poursuites ne s'arrêtèrent pas à cette localité. On signala à l'agent national un grand nombre de personnes de différentes paroisses, qui avaient assisté à la cérémonie ou qui l'avaient annoncée dans le pays. Le jour même de l'arrestation du maire, il en fit assigner une vingtaine, presque toutes de Chérencé-le-Roussel, à comparaître, le lendemain jeudi, à dix heures du matin,

---

(1) Nous savons également, par la déposition du 11 messidor de Madame Bécherel, née Julienne Delabroise, que MM. Delabroise et Lecomte furent arrêtés dans la nuit du mardi 24 au mercredi 25 juin.

« A répondu qu'elle n'en avait absolument eu aucune connaissance (de la cérémonie de la Molle) qu'elle sçavoit seulement que des volontaires s'étoient transportés dans la commune du Mesnil-Gilbert pour cet objet, et qu'ils s'y étoient emparés, à cause de cela, des personnes du nommé Labroise et des deux Lecomte, domiciliés en cette commune.

« A elle observé que son imposture est à son comble et démontrée à l'évidence, puisque dans son interrogatoire d'avant-hier elle nous a dit et affirmé n'avoir eu aucune connoissance de ce rassemblement que le sept du présent mois au soir, et que cependant elle convient aujord'hui qu'elle en a eu connoissance plus tôt par des volontaires, qui étoient entrés chez elle et qui revenoient de cette expédition le même jour au matin... »

(2) Supplique adressée, le 8 fructidor (25 août 1794), de sa prison au comité de surveillance de Mortain.

devant une commission qu'il devait présider dans la salle de la maison commune. Cette commission était composée de quelques officiers municipaux et notables de Chérencé. (1) Un officier de la garde nationale fut aussi convoqué avec six fusiliers de sa compagnie.

On assigna de préférence, nous n'avons pas besoin de le dire, les personnes déjà compromises par leurs opinions royalistes et surtout par leurs convictions religieuses bien connues. C'étaient : 1° Madeleine Lemarchand, veuve de Julien Lepeigné ; 2° Julienne Hubert, femme de Jacques Bagot, meunier ; 3° Françoise Hédou, femme de René Houssin ; 4° Jeanne Rauline, femme de François Delabroise ; 5° Jeanne Guesdon, femme de Louis Delabroise ; 6° Julienne Delabroise, femme de Guillaume Bécherel ; 7° Madeleine Delabroise, femme de Jean Delabroise ; 8° Madeleine Dubois, veuve de Jean Delabroise ; 9° Marguerite Giroult, servante du maire du Mesnil-Gilbert ; 10°, 11°, 12°, 13° Louise, Elisabeth, Marguerite et Jeanne Boussard, filles de J.-B. Boussard ; 14° Marin Couillard ; 15° Louise Legoupils, femme de Charles Muris ; 16° Françoise Mochon ; 17° Marie Rouland, femme de Jean Gauné ; 18° Julienne Mitaine, femme de Pierre Guesdon ; 19° et 20° Elisabeth Guesdon et sa fille.

Quelques unes des femmes qui figurent sur cette liste ne comparurent pas devant la commission et furent remplacées par d'autres désignées par l'agent national.

Le jeudi 26 juin (8 messidor), il interrogea cinq personnes, savoir : Marin Couillard, natif de Bellefontaine, compagnon papetier chez le citoyen Lentaigne, maire de Chérencé-le-Roussel ; Louise Leprovost, femme de Jacques Legent, fermier à Chérencé ; Louise Legoupils, femme de Charles Muris, de la même commune ; Françoise Mochon, née à Saint-Martin-le-Bouillant,

---

(1) Nous trouvons les noms suivants indiqués dans une pièce du dossier ; MM. Denis (illisible), Pierre Heurtaux et Jacques Giffand, officiers municipaux ; Jean Lepeigné, Julien Lechoisne, André Dubois, Pierre Charles, Jacques Lepeigné, Jacques Hub-rt et Jean Herbin, notables. G. Dubois remplissait les fonctions de secrétaire.

aide papetière chez le citoyen Lentaigne, et Mlle Louise Boussard, âgée de vingt-deux ans, sœur de M. l'abbé Boussard.

Les quatre premières furent plutôt entendues comme témoins que comme prévenues; aussi ne furent-elles pas inquiétées; mais Mlle Boussard n'ayant pas voulu avouer qu'elle avait assisté à l'assemblée du Mesnil-Gilbert fut consignée au corps de garde et mise au secret le plus absolu (1). Elle y passa la nuit, sous la surveillance de deux fusiliers, en attendant qu'on la conduisît à la maison d'arrêt de Mortain. Ce n'était pas le seul crime qu'on lui reprochait : elle avait donné par le passé des preuves « d'un fanatisme outré » qu'il fallait sévèrement punir. Lisons plutôt le réquisitoire de l'agent national.

« Vu l'opiniâtreté de la citoyenne Boussard à nier un fait qui paraît aux yeux des républicains plus que vraisemblable, qui approche même de l'évidence, et considérant que sa conduite aristocratique, rapprochée des démarches qu'elle a faites précisément la veille et vers le temps où il fallait partir pour se rendre d'heure d'assister à cet office nocturne et criminel, donne au moins la plus violente suspicion d'incivisme contre elle, nous, François Guesdon, agent national près l'administration du district de Mortain, avons cru devoir traduire la dite Boussard devant notre administration, pour être pris tel parti qu'elle croira convenable en pareil cas; observant que son arrestation paraît d'autant plus importante qu'elle est outrée fanatique et

---

(1) Le mandat d'arrestation de Mlle Boussard était ainsi libellé :

« L'agent national du District de Mortain requiert l'agent national de la commune de Chérencé-le-Roussel de faire trouver deux soldats connus par leur civisme et leur fermeté au corps de garde de cette commune pour y garder la nommée Louise Boussard jusqu'à demain, à l'heure où nous, susdit agent national, leverons notre réquisitoire, en leur commandant expressément de ne la laisser parler à qui que ce soit, sous les peines les plus rigoureuses, pas même à ceux ou celles qui seront chargés de lui apporter ses aliments, ce à quoi un membre de la municipalité pourvoira en en instruisant son père sur le champ. »

« Chérencé-le-Roussel, ce huit messidor, 2ᵉ année de la République, une et ind.visible »

GUESDON, *Agent Nat.*

que depuis le commencement de la révolution, elle a manifesté de pareils sentiments en méprisant et ne voulant pas voir 1° les prêtres constitutionnels, 2° en fréquentant le curé réfractaire, la ci-devant bonne sœur et autres de ce genre de sa commune ; pourquoi avons requis le commandant de la garde nationale de sa dite commune de la faire conduire sur le champ à la destination ci-dessus indiquée par deux sans-culottes fusiliers, dont le payement sera déterminé par l'administration de ce district. »

« Chérencé-le-Roussel, ce huit messidor, 2ᵐᵉ année de la république française une et indivisible. »

GUESDON, Agt. Nat.

Le lendemain, vendredi 27 juin (9 messidor), l'abbé Etienne Boussard vint spontanément, comme nous l'avons dit, raconter la visite que lui avaient faite MM. Bion et Rondel, quelques heures avant la réunion du Mesnil-Gilbert. Nous connaissons les détails de cette entrevue.

Au moment de partir pour la prison de Mortain, sa sœur Louise demanda à être de nouveau entendue. Le citoyen Guesdon « considérant qu'il fallait bien distinguer celui qui est dans l'erreur volontaire d'avec celui qui n'y tombe qu'involontairement, » consentit à la recevoir. Elle avoua qu'elle était allée à la cérémonie de la Motte avec ses sœurs Marie, Elisabeth et Jeanne présentes à sa déclaration, et qui la signèrent avec elle. Guesdon annula son réquisitoire de la veille et la rendit provisoirement à sa famille.

Il faut bien dire que cet agent national était un juge d'instruction vraiment redoutable. Les minutes des procès-verbaux, que nous allons analyser, montrent, en effet, avec quelle insidieuse habileté il savait poser les questions et avec quelle rare sagacité il saisissait dans les réponses les omissions volontaires ou les moindres contradictions. Aussi, le plus souvent amenait-il les prévenus à passer des aveux, et, s'il ne pouvait les y déterminer, il employait un moyen qui lui réussissait presque toujours : l'intimidation. Ce fut ainsi qu'il vint à bout des résistances de Mlle Boussard et de beaucoup d'autres, pendant l'instruction qui va suivre.

Après Mlle Louise Boussard, il entendit Madeleine Lemarchand, veuve Lepeigné, âgée de 48 ans, de Chérencé-le-Roussel. Il la consigna également au corps de garde, parce que ses déclarations parurent insuffisantes et qu'elle passait dans le pays pour une servente catholique. Citons encore le réquisitoire de l'agent national ; rien ne vaut le texte d'une pièce originale.

« Vu l'opiniâtreté de la dite citoyenne Lemarchand, veuve Lepeigné, à en imposer dans presque toutes ses réponses, comme on peut s'en assurer par la lecture de l'interrogatoire qu'elle a cejourd'huy prêté ; vu aussi la conduite aristocratique qu'elle a constamment tenue depuis le commencement de la révolution jusqu'à ce moment ; vu enfin le fanatisme outré qui s'est emparé d'elle et qu'elle peut dangereusement propager :

« Nous, François Guesdon, agent national près l'administration du district de Mortain, avons cru qu'il était de notre devoir de consigner cette fanatique au corps de garde de sa commune, pour ensuite la faire conduire par deux fusiliers sans-culottes à l'administration de ce district, pour être pris par elle, envers la cy-dessus dénommée, tel parti qu'elle jugera convenable en pareille circonstance, observant que le fanatisme est un fléau terrible que nous devons réprimer par tous les moyens possibles, afin d'éviter les malheurs qui ont ensanglanté d'autres contrées ; observant encore que dans le cas où son arrestation serait jugée indispensable, comme nous le croyons, il serait nécessaire de veiller à la culture et récolte à faire sur la terre qu'elle fait valoir.

« Au bureau municipal de Chérencé, ce neuf messidor, 2ᵉ année républicaine. »

GUESDON, Agent Nat.

Vint le tour de Madame Bécherel, née Julienne Délabroise, âgée de 39 ans. Elle avait aussi la réputation d'être une des femmes les plus aristocrates de Chérencé-le-Roussel. N'ayant pu achever sa déposition le vendredi, à cause de l'heure avancée et d'une affaire importante qui appelait l'agent national dans une commune voisine, la suite de son interrogatoire fut renvoyée au surlendemain, dimanche 29 juin (11 messidor), 8 heures du matin.

Le samedi, Madame veuve Lepeigné se décida comme Mademoiselle Boussard à compléter sa déclaration : elle put à ce prix recouvrer sa liberté.

Ce jour-là, Guesdon fit activement rechercher les trois prêtres constitutionnels, qui avaient rétracté leur serment à l'assemblée de la Motte. Il avait appris, la veille, qu'il disaient ordinairement la messe à Périers-en-Beauficel et aux environs. Le maire et l'agent national de cette commune lui avaient même écrit qu'ils pouvaient le renseigner sur leurs agissements, s'il le désirait. Ils le priaient en même temps d'envoyer la force armée, afin de « mettre leurs vies en sûreté et la tranquilité dans la la république » (*sic*).

Celui-ci leur répondit, le 28 juin : « Pour remédier aux accidents dont vous me parlez dans la lettre que j'ai reçue hier fort tard, il faudrait que je connusse la nature du mal. Vous avez, dites-vous, des renseignements : communiquez-les moi donc sans délai, afin de me mettre à portée d'opérer ; mais surtout tâchez qu'ils soient bien positifs et que vos recherches soient aussi secrètes qu'actives. De mon côté, je vous jure de ne rien négliger pour le salut commun et la punition des coupables. Répondez-moi donc sur-le-champ et détaillez-moi bien les faits qui sont à votre connaissance. »

« Salut, activité, sévérité et inaltérable fermeté. »

Il mandait en même temps à un nommé Lejemble, de Beauficel, de s'assurer de la personne de M. l'abbé Bion, qui devait être caché dans sa famille, et de l'amener « chez le citoyen Lentaigne, en la commune de Chérencé-le-Roussel, pour y être interrogé et envoyé de suite à sa destination. » Mais toutes les recherches qu'on put faire chez les parents de M. l'abbé Bion n'eurent aucun résultat.

L'instruction recommença le dimanche 29 juin, et Madame Bécherel termina sa déposition. Comme il fallait s'y attendre, elle ne put satisfaire l'agent national, qui ordonna son arrestation et sa mise au secret. Nous avons déjà indiqué ses griefs contre elle : il lui reprochait son opiniâtreté à cacher des faits dont elle avait connaissance, et surtout « la conduite aristocratique qu'elle avait constamment tenue depuis le commencement de la Révolution et le fanatisme outré, dont elle était gangrénée depuis le serment civique exigé des cy-devant prêtres, fanatisme qui redouble dans ce moment chez elle, comme dans ce canton qu'elle habite, »

C'est pourquoi, « considérant, ajoutait-t-il, qu'en laissant la liberté à de pareils individus il en peut résulter les effets les plus désastreux et qu'il est urgent d'arrester, par tous les moyens possibles, les progrès des rassemblements aussi criminels que celui qui a eu lieu dans la commune du Mesnil-Gilbert, nous avons cru devoir, par mesure de sûreté et de salut public, faire arrester la dite Julienne Labrouaise, femme Bécherel, motivé surtout sur ce que, au moins d'après le cri public, elle instruit les femmes aristocrates de son environ, et que, sous ce rapport, elle n'est que plus dangereuse dans les circonstances actuelles. » La détention de Mme Bécherel devant être maintenue, selon toute probabilité, le citoyen Guesdon enjoignit aux parents de la prévenue de faire ses récoltes et d'avoir soin de ses petits enfants.

Et dire qu'on vantait encore dernièrement, du haut de la tribune parlementaire, la tolérance révolutionnaire ! C'est vraiment trop compter sur... la crédulité de ses auditeurs que de tenir devant eux de pareils propos. Parler de la tolérance de la Révolution, quand c'était l'heure où l'on confessait sa foi en exil, sur les pontons, dans les déserts brûlants de la Guyane, dans les cachots et sous la hache des bourreaux !!

La grande majorité des habitants de Chérencé étaient loin d'approuver ces odieuses poursuites et dissimulaient avec peine leur indignation. Un incident, qui se produisit ce jour-là, nous en fournit une preuve assez significative. L'agent national ayant donné l'ordre au sieur Dubu..., capitaine de la garde nationale, d'envoyer le lendemain un homme monter la garde, comme les jours précédents, à la porte de la maison commune, celui-ci désigna le sous-lieutenant Pierre Chasles, lequel déclara « qu'il avait des affaires plus pressantes et qu'il se f..... de ses ordres. »

Le dimanche 29 juin, on entendit Jean Gauné, filassier, âgé de 63 ans, et deux aides papetières du maire de Chérencé, Anne Danguy, âgée de 28 ans et Marie Lefrançais, native du Mesnil-Tôve, âgée de 30 ans.

Cette dernière fut gardée à vue et mise au secret, parce qu'on trouva sa déposition fausse et incomplète en beaucoup de points. Cette déposition était cependant de nature, ne fut-ce que par sa forme originale, à intéresser la commission et son président.

« A elle demandé s'il n'est pas vrai qu'elle a assisté dans la nuit du cinq au six de ce mois, cy-devant veille Saint Jean, aux cérémonies qui ont été faites par des prêtres contre-révolution-naires en la commune du Mesnil-Gilbert, village de la Mothe ?

« A répondu qu'en effet elle s'était rendue, vers les dix ou onze heures du soir, au village de la Mothe, en la commune du Mesnil-Gilbert, accompagnée de la mère d'Anne Danguy, qu'étant arrivée elle entendit prêcher, vanter Saint Jean et Saint Pierre, reprocher aux assistants comme une chose très crimi-nelle d'avoir suivi les prêtres jureurs ; qu'elle a encore entendu dire par des personnes qu'elle ne connaît pas qu'ils avoient traité de scélérats tous les fonctionnaires publics actuellement en place, et que les pères et mères qui avoient des enfants devoient faire leurs efforts pour les empêcher de voler à la défense de la patrie ; qu'elle a entendu le nommé Chapin, ci-devant vicaire de Périers, et Blon, cy-devant vicaire du Mesnil-Tôve, se rétracter de leurs serments et reconnoître hau-tement qu'ils avouaient leurs erreurs, que les messes qu'ils avoient dites étoient autant de sacrilèges, etc... »

Le lundi matin, on lui demanda si elle persistait dans ses déclarations. Elle répondit qu'elle n'avait rien à y changer.

Mme Bécherel, vaincue par sa tendresse maternelle, consentit à compléter sa déposition. Nous ignorons si elle fut mise en liberté.

Comparurent ensuite Julienne Hubert, dite Riautée, fileuse, âgée de 60 ans, qui fut également arrêtée, « comme fanatique outrée, complice des prêtres contre-révolutionnaires, etc. » Jeanne Aubry, veuve de Christophe Goron, fileuse, âgée de 60 ans ; Charles Lelandais, de Lingeard ; Françoise Hédou, femme Houssin, âgée de 50 ans, et enfin Catherine Vauvert, femme de Jacques Bagot, meunier à Chérencé, âgée de 40 ans. Celle-ci n'ayant pas voulu prêter le serment requis en pareille circonstance fut consignée au poste et menacée d'être envoyée au tribunal révolutionnaire, pour avoir pris part à un « rassem-blement de contre-révolution parfaite, disait l'agent national, puisqu'il est diamétralement opposé à la loi et qu'il tend à rappeler l'ancien gouvernement et ses horreurs. »

Celui-ci eut d'abord l'intention de faire emprisonner immé-diatement Julienne Hubert et Catherine Vauvert. Ce curieux projet de lettre, daté du 13 messidor (mardi 1er juillet), que nous avons retrouvé parmi les papiers du dossier, en fournit une preuve suffisante :

Chérencé-le-Roussel, 13 messidor, 2ᵉ année.

« Je vous envoie, chers collègues, deux des plus fameuses aristocratico-fanatiques de ma commune. Elles ont été au saint office que deux sacrilèges brigands de prêtres ont célébré à la Mothe, dans le Mesnil-Gilbert : une d'elles a colporté les nouvelles de ce sacrifice nocturne et désastreux; l'autre a répondu au vœu de ses bons prêtres, qui recommandèrent, au nom de la divinité, dont ils se disent les envoyés immédiats, de plutôt souffrir le martyre que de révéler la moindre chose de ce qui s'est passé. Vous verrez même par la lecture de l'interrogat qu'elle s'est opiniâtrement refusée à jurer de dire la vérité.

» Je vous invite à les faire mettre en état d'arrestation, car je regarde leur liberté comme dangereuse à la chose publique, surtout dans un moment où notre sol est souillé par plus d'un prêtre réfractaire.

» Je travaille comme un nègre à découvrir le vrai, mais j'ai l'avantage de voir que mes peines ne sont pas tout à fait infructueuses, car il m'est aujourd'huy prouvé que trois J. f. de cy-devant prêtres constitutionnels ont grossi la bande de brigands : l'un est le cy-devant vicaire du Mesnil-Tôve, l'autre est celui de Périers et enfin le troisième est le bon Duhamel, cy-devant curé de Notre-Dame-de-Cresnay; mais malheureusement ils ont échappé avant que j'aie eu aucuns renseignements (1). Malgré mes infirmités, je veux avoir la gloire d'arrêter moi-même un fameux scélérat : c'est le joli petit agent national de

---

(1) On peut encore lire, à la suite de cette phrase, les lignes suivantes raturées : « On m'assure que le troisième est encore chez lui, c'est pourquoi je vous prie de m'envoyer quatre gendarmes ou quatre bons et intrépides sans-culottes, ce qui vaut beaucoup mieux, pour demain, onze heures du soir précises, et plus tard que plus tôt, crainte d'être vus et de mettre aux aguets. » Il ne donna pas de suite à ce projet de perquisition, parce qu'il fut probablement averti que ses recherches seraient inutiles comme celles qu'il avait déjà faites.

la commune du Mesnil-Adelée. Ce bon catholique, apostolique et romain était aussi de la messe de minuit, et là il se prosterna humblement devant l'envoyé de Dieu pour en obtenir la rémission de tous les péchés qu'il avoit commis en faisant doucement exécuter les lois de notre gouvernement, et promit de ne plus reprendre son écharpe en se rétractant du serment civique qu'il avait prêté.

» Je crois que la Broise et les autres auront bien de la peine à se tirer d'embarras. Il est prouvé clair comme le jour que c'est dans le bas de son jardin à plant qu'a tenu cette assemblée contre-révolutionnaire. Son fils est violemment soupçonné d'avoir construit l'autel. »

Après mûre réflexion, l'agent national retarda le départ de Julienne Hubert et de Catherine Vauvert, dans l'espoir de leur arracher des aveux.

Le 1ᵉʳ juillet, Louis Lefrançois, âgé de 32 ans, né au Mesnil-Tôve et domicilié au Mesnil-Gilbert, vient spontanément faire sa déposition. On appela ensuite Mlle Louise Boussard, de nouveau compromise par les précédentes déclarations. Elle fut consignée au corps de garde, et, afin de mieux démontrer les charges qui pesaient sur elle, on fit entrer Madeleine Lemarchand, veuve Lepeigné, Julienne Hubert, dite Riautée, que nous avons déjà vues paraître, et deux nouveaux témoins, Jeanne Aubry, veuve Christophe Goron et Pierre Lecordier, tous habitant les environs du bourg de Chérencé. Après discussion et confrontation des témoignages, il fut décidé, le lendemain matin, que Mlle Louise Boussard, la veuve Lepeigné et Julienne Hubert, seraient définitivement maintenues en arrestation, sous la prévention d'avoir colporté dans le pays la nouvelle du rassemblement du Mesnil-Gilbert. Elles furent conduites à la prison de Mortain, le vendredi suivant (16 messidor). (1)

Cette analyse des procès-verbaux de l'agent national est intéressante à plus d'un point de vue : elle nous donne des détails curieux sur cette époque, et nous révèle la manière toute

---

(1) Cette date est donnée dans une supplique adressée, le 7 fructidor suivant (8 août) de la prison de Mortain, par Mlle Louise Boussard au comité de surveillance de cette ville.

révolutionnaire avec laquelle on instruisait une affaire. La suite ne le sera pas moins.

III

Le 2 juillet comparut devant la commission Louis Delabroise, maréchal, âgé de 28 ans, qui fut également arrêté, à cause de ses réponses et surtout « pour avoir tenu depuis le commencement de la Révolution la conduite la plus aristocratique et la plus scandaleuse. »

Catherine Vauvert, qui avait refusé de prêter serment, se décida comme les autres, sous l'empire de la terreur qu'on sut lui inspirer, à passer des aveux. Puis se présentèrent la femme de Louis Lefrançois, Elisabeth Clouard, née à Chérencé et domiciliée au Mesnil-Gilbert, qui vint d'elle-même faire sa déposition. Elle était parente de Mlle Boussard.

Le jeudi 3 juillet (15 messidor), il n'y eut pas d'interrogatoire.

Le 4, on n'entendit que François Leprovost, cultivateur, âgé de 65 ans, domicilié au Mesnil-Gilbert.

Les séances interrompues le samedi furent reprises le dimanche 6 juillet (18 messidor). On avait assigné Julienne Mitainne, femme de Guesdon-Mardelle, âgée de 66 ans ; la veuve de François Davy-Deslandes, de Périers, 50 ans, et sa fille Marie-Anne ; Louise Legraverend, âgée d'environ 28 ans, également de Périers, et Jean Guesdon, dit Tannière, âgé de 36 ans.

L'agent national crut que l'instruction était alors suffisamment avancée pour envoyer au représentant du peuple Le Carpentier un rapport, dans lequel il lui rendait compte de ses opérations. Il est inutile de revenir sur des faits déjà connus ; aussi ne transcrivons-nous de ce rapport, qu'il confia à un prêtre sansculotte pour être remis à Le Carpentier lui-même, que ce curieux *post-scriptum*.

« Le porteur de la présente est un vrai sans-culotte et qui n'a d'autre défaut que celui d'avoir été prêtre pour la Révolution ; car il l'a servie dans cet état en éclairant les esprits et en tâchant de les amener à la hauteur des circonstances. Là, il a porté un coup violent au fanatisme et même s'est fait des

ennemis pour cela ; car il a été un des premiers à remettre ses
lettres de prêtrise, de sorte que s'il pouvait y avoir une exception à la règle générale je la solliciterais pour lui, le connoissant
particulièrement et pouvant assurer avec vérité que ce ne seroit
que lui rendre la justice qu'il mérite. (1) Il est encore chef du
bureau des émigrés, et je puis dire que sans lui la besogne n'iroit
pas le train qu'elle va. Au surplus, je m'en rapporte à ta bonté
et ta sagesse ordinaire, te priant cependant de prendre mon
exposé en considération. » (2)

Nous ne voulons pas connaître le nom de ce prêtre indigne,
à jamais déshonoré par de tels éloges.

Le citoyen Guesdon reprit son instruction le lundi 7 juillet
(19 messidor); mais il n'entendit que la femme de Jean
Guesdon, Charlotte Legraverend, âgée de 30 ans, et Mlle Marguerite Legent, âgée de 23 ans, qui habitait avec ses parents (3).

Il fut tout à coup saisi d'un nouvel accès de rage de persécution religieuse et il écrivit au chef du second bataillon
de la 3ᵉ légion du district de Mortain de faire disparaître
du canton les croix, statues et tous signes et emblèmes

---

(1) Par un arrêté récent, Lecarpentier avait défendu d'employer
aucun prêtre dans les administrations publiques.

(2) Voir ce rapport aux *Pièces justificatives*, nº 1.

(3) Ce jour-là, un piquet de la garde nationale de Caves amena à
Chérencé un cultivateur de cette paroisse, Pierre Labrousse, âgé de
35 ans, qui comparut le lendemain devant l'agent national. Dans une
visite domiciliaire faite chez lui, la veille, on avait découvert des livres,
fort suspects, entre autres une brochure intitulée : *Le paysan instruit
sur le serment civique*, et une copie de *La lettre de Dieu trouvée sur
l'autel de Rome en quatre-vingt-douze*.

Pendant la perquisition, on avait vu un homme s'enfuir de la boulangerie si précipitamment qu'il y avait laissé sa veste et son chapeau.
On trouva dans cet appartement un petit mobilier, probablement à
l'usage d'un soldat réfractaire, nommé Louis Hérambourg, qui cou-
chait la nuit sur de la paille dans le grenier.

Le jeudi 23, on fit venir son frère François Hérambourg, bouilleur
d'eau-de-vie à Caves, âgé de 28 ans, et on lui demanda s'il ne recon-
naissait point les habits saisis chez Labrousse comme appartenant à
son frère déserteur. Il ne les reconnut point.

La femme de Pierre Labrousse « très attachée aux prêtres
réfractaires et fanatique outrée » fut arrêtée et conduite à la prison
de Mortain, où son mari alla bientôt la rejoindre.

« du fanatisme le plus outré, » qui avaient échappé jusque-là au
vandalisme révolutionnaire. Il lui enjoignit aussi de rechercher les
prêtres réfractaires, en particulier MM. Bion, Chapin et Duhamel,
d'arrêter les étrangers sans passe-port et de ne pas manquer de
s'assurer de la personne de l'agent national du Mesnil-Adelée,
s'il était chez lui. Voici sa lettre :

Chérencé-le-Roussel, 19 messidor, 2ᵉ année républicaine (7 juillet 1794)

LIBERTÉ, ÉGALITÉ, FRATERNITÉ OU LA MORT

« L'agent national du district de Mortain au citoyen Leclerc,
chef du second bataillon de la 3ᵉ légion du même district.

» Instruit qu'il existe encore dans l'étendue de ton canton
une infinité de signes extérieurs d'une religion dominante et du
fanatisme le plus outré, tels que des croix et statues, je te requiers
de le parcourir sans aucun délay ; de rassembler dans chaque commune le maire et l'agent national pour leur demander compte de
ce qu'ils ont fait à cet égard, et, dans le cas de négligence, de
faire opérer sur-le-champ en me les dénonçant. S'il y a refus
et obstination, tu commanderas la force armée, qui opérera pour
eux et à leurs frais. Tu feras briser tous ces désastreux fantômes
et ne réserveras que les tableaux prétieux (*sic*), qui, aux termes
de la loi, doivent être envoyés au chef-lieu du district.

» Tu profiteras de cette tournée pour t'assurer s'il n'existe pas
dans ton arrondissement des prêtres réfractaires ou ayant assisté
au rassemblement contre-révolutionnaire du Mesnil-Gilbert,
entre autres les nommés Bion, cy-devant vicaire du Mesnil-
Tôve, Chapin, cy-devant vicaire de Périers, et enfin le nommé
Dnhamel, cy-devant curé de Notre-Dame-de-Cresnay.

» Si tu trouves des étrangers sans passe-port, tu les arresteras
et les feras conduire à Mortain devant l'administration.

» Je t'invite enfin à t'appesantir adroitement sur la commune
du Mesnil-Adelée, en demandant l'agent national, et leur déclarant rester à leurs frais (*sic*) et aux siens jusqu'à ce qu'il ait paru à
son poste. Là, je t'enjoins de faire main basse sur lui et de me
l'acconduire à Chérencey, où l'on t'indiquera ma résidence
actuelle, pour lui faire prêter un interrogatoire et l'envoyer de
suite à sa destination. Mais sur ceci tu garderas le plus grand

secret, ainsi que sur tout le reste, et tu ne parleras que de faire tomber les signes extérieurs du fanatisme. Il faut que tu agisses sous vingt-quatre heures et que tu commences ton opération par cette commune aristocratico-fanatique renforcée.

» Salut, activité et inaltérable fraternité. »

Le citoyen Leclerc lui répondit le même jour :

Reffuveille, le 19 messidor, 2° année.

« Citoyen,

« Je mettrai au plus tost à exécution les dispositions de ta lettre, que je viens de recevoir, à quatre heures du soir ; une chose m'embarrasse, c'est où trouver la force armée ; enfin, je m'y prendrai de manière à en trouver au plus tôt, malgré que tous nos officiers sont pour la première réquisition.

« Salut et meilleure santé »,

LECLERC,
Commandant de bataillon.

Pendant cette semaine, les séides de Guesdon s'empressèrent d'exécuter ses instructions sacrilèges. Au Mesnil-Tove ils abattirent la croix du cimetière et le crucifix de l'église. Ils exigèrent même qu'on enlevât une petite croix qui surmontait le pignon du portail. On fit monter sur le faîte de l'église un individu qui, après de grands efforts, parvint à la renverser et manqua d'être lui-même entraîné dans sa chûte. L'église du Mesnil-Gilbert, comme presque toutes celles de la contrée, fut entièrement saccagée.

Mais les recherches qu'on fit encore de MM. Bion, Chapin et Duhamel furent aussi inutiles que les précédentes, et la visite domiciliaire chez « le joli petit agent national du Mesnil-Adelée » n'amena non plus aucun résultat (1). On avait cependant pris toutes sortes de précautions pour ne pas éveiller l'attention du public. Le commandant Leclerc avait chargé le maire,

---

(1) Vers le même temps le brigadier de gendarmerie de Brécey ne réussit pas mieux dans une perquisition au presbytère de Cuves, en vue d'arrêter le curé constitutionel de cette paroisse, M. Jacques-François Anquetil, qui n'avait pas voulu livrer ses lettres de prêtrise.

Pierre Faudet, de s'assurer lui-même de la personne de l'agent national. Celui-ci se rendit, dans la soirée du mardi 8 juillet, (20 messidor) au domicile de Jacques Adelée, accompagné du greffier et de Jean Delabrousse, officier municipal. Il y trouva Mme Adelée, née Marie Aguiton, et lui demanda où était son mari. Elle répondit qu'il était parti sans dire où il allait, ni quand il reviendrait. Le s' Faudet lui déclara que s'il n'était pas rentré sous quarante-huit heures pour l'accompagner à Chérencé-le-Roussel, où ils devaient se présenter devant l'agent national du District, il serait considéré comme émigré, les scellés seraient mis sur ses meubles et ses biens confisqués au profit de la nation. Il dressa procès-verbal de sa visite et le fit signer par Mme Adelée. Le père de Jacques Adelée, âgé de 70 ans, et son beau-père, Jean Aguiton, âgé de 66 ans, furent arrêtés quelques jours après, (1) sous la prévention d'avoir assisté à la cérémonie de la Motte, et de receler le prévenu, qui fut assez heureux, croyons-nous, pour échapper à toutes les poursuites (2).

La plupart des personnes interrogées jusqu'ici appartenaient aux communes du Mesnil-Gilbert et de Chérencé-le-Roussel ; mais l'instruction s'étendit à d'autres localités, notamment à celle de Notre-Dame-des-Cresnays.

Quelques jours seulement après l'assemblée de la Motte, le 28 juin, (10 messidor) un membre du comité de surveillance de cette commune, Julien Le Bas, signala comme y ayant assisté Pierre Gesbert, membre de ce comité, du village de la Fiancerie, sa femme, Marie Rabache, et Marguerite Pichon, de la

---

(1) Jacques Adelée dit dans une supplique adressée, le 6 fructidor An II (23 août 1744), au comité révolutionnaire de cette ville « qu'il y a cinq semaines toutes complètes qu'il est en prison », ce qui reporte la date de son arrestation vers le 20 juillet précédent.

(2) Nous lisons, en effet, dans la délibération du 18 thermidor (5 août) du comité révolutionnaire de Mortain, en réponse à une première supplique du 13 thermidor (31 juillet) de Jean Aguiton et de Jacques Adelée « que l'agent national du Mesnil-Adelée est vraisemblablement avec les brigands, puisqu'il n'a pas reparu depuis sa rétractation de serment à la messe du Mesnil-Gilbert, la nuit du 5 au messidor... »

Thourie (1) Le greffier de la municipalité dénonça également Nicolas Maigné, charpentier.

Le lendemain, un nommé Jacques Mahias, de Saint-Pierre-des-Cresnays, vint encore déclarer devant le comité qu'il avait rencontré, vers 3 heures du matin, le jour S. Jean, « aux environs de la ci-devant croix du Clonée », cinq personnes revenant du côté du Mesnil-Gilbert, savoir, Anne Pinson, couturière, Jacques Hulin, domestique de Gilles Hamel, maire de Saint-Pierre-des-Cresnays, demeurant à la Lorrerie, Louis Vigor-Costière, son jeune fils et sa fille. C'en était assez pour les compromettre gravement. Ces dénonciations furent, en effet, envoyées au citoyen Guesdon, qui ordonna immédiatement de faire une enquête et de traduire devant l'administration du district toutes les personnes qui avaient colporté la nouvelle du rassemblement (2).

Le comité se réunit le 3 juillet, et invita les inculpés à se présenter devant lui le lendemain, à deux heures de l'après-midi. Tous, à l'exception de Nicolas Maigné, nièrent leur présence à l'assemblée de la Motte. L'un d'eux, Pierre Gesbert, déclara même que s'il y était allé, c'eût été pour dénoncer ceux qui s'y trouvaient.

Il est curieux de lire le jugement porté sur chacun des inculpés par le comité, conformément à la recommandation de l'agent national. C'est dans les registres des sociétés révolutionnaires établies dans les plus humbles hameaux, qu'on apprend à bien

---

(1) Outre les deux membres déjà cités, le comité se composait de Joseph Nicolle, président, Pierre Dodeman, Le Boucher, Jean Hédou, Jacques Delabrousse, Jean Lechevallier, J.-P. Harel, J.-André Morel et d'un autre Dodeman, secrétaire greffier.

(2) « Le comité de surveillance de la commune de Notre-Dame-de-Cresnay, écrivait Guesdon, le 4 messidor (2 juillet), prendra sur-le-champ les informations nécessaires pour découvrir les auteurs du rassemblement criminel, qui eut lieu au Mesnil-Gilbert, dans la nuit du cinq au six du présent mois, et en conséquence entendra les témoins oculaires et auriculaires qu'il connoîtra, en ayant toujours soin d'émettre son vœu sur le compte de ceux qui seront inculpés.

« P. S. S'il se trouve des personnes qui aient colporté les nouvelles de ce rassemblement, le comité les fera arrester et conduire à l'administration du District de Mortain. »

connaître ce régime terroriste, qui ne vivait que de délation, et à se faire une juste idée de l'état où il avait réduit le pays. Le procès-verbal du comité de Notre-Dame-des-Cresnay est vraiment trop instructif pour que nous n'en citions pas au moins cet extrait : « Après avoir examiné la conduite des dites personnes, observons que le nommé Nicolas Maigné, charpentier, s'est toujours bien comporté jusqu'à ce jour, qu'il n'a jamais donné aucune marque d'incivisme et qu'il s'est toujours comporté à notre connoissance en bon républicain, ce qui est encore prouvé par la déclaration naïve et sincère qu'il a passée, se réservant led. comité à émettre son vœu sur Pierre Gesbert et femme, après l'audition des témoins. — Et quant à Louis Vigor, son fils et sa fille et Marguerite Pichon, observe le comité que leur conduite a toujours paru incivique, en ce qu'ils n'ont ordinairement fait aucune société avec les patriotes et qu'ils n'assistent presque point aux décades. — Et, à l'égard d'Anne Pinson, nièce de deux prêtres émigrés ou déportés, observons qu'elle nous a paru avoir tenu jusqu'à ce jour une conduite assés chancelante pour ce qui concerne le patriotisme, surtout en ce qui concernoit le fanatisme. — Jacques Hulin ne nous a jamais donné aucune preuve d'incivisme, jusqu'au moment où il est sorti de notre commune.

« Le tout fait et arresté lesd. jour et an que dessus après lecture. »

Le 18 messidor, le comité reçut une nouvelle dénonciation contre Gesbert, sa femme et Marguerite Pichon. Un membre ayant aussi rappelé « que ledit Gesbert avoit été à confesse au ci-devant curé de Notre-Dame-de-Cresnay, dans le caresme dernier et qu'il avoit pu recevoir quelque conseil incivique, » le comité ne voulut point certifier son civisme et décida qu'on adresserait le procès-verbal de l'interrogatoire des accusés à l'agent national du District qui statuerait sur le tout.

Enfin le greffier de la municipalité de la même commune, Claude Serrant, fit cette autre déclaration : « Le lundi 30 juin, j'entrai pour me rafraîchir à l'auberge de la Croix-Gesbert, commune du Mesnil-Rainfray, tenue par Anfray. J'étais en compagnie des citoyens Jean Rabache, de son fils, de sa fille Marie et de sa servante, Françoise Théault, de Jacques Desfouy, capitaine de la garde nationale de la Chapelle-Urée, de Marie-Anne Lebas, fille Julien, membre du comité de surveillance de

Notre-Dame-de-Cresnay, et de Pierre Dodeman, membre du même comité. J'entendis un particulier demander à Julien Moulin, du Mesnil-Adelée, et à sa femme s'ils avaient assisté à l'assemblée nocturne du Mesnil-Gilbert. La femme de Moulin lui répondit que non, et, s'adressant à Jean Rabache et à Jacques Desfouy : « C'était votre curé, leur dit-elle, qui s'y trouvait. » Desfouy ayant rappelé à Moulin qu'il lui avait demandé son passe-port, lorsqu'il revenait du Buat, Moulin piqué lui répartit qu'il pourrait passer où Desfouy resterait, et il ajouta qu'il savait depuis plus de six mois que le rassemblement du Mesnil-Gilbert devait avoir lieu.

La femme de Moulin, Jeanne Hédou, s'approchant alors de Serrant lui dit : « Quand j'ai su que les brigands devaient venir prendre le curé logé chez nous, je l'ai fait sortir, le soir de devant, et les brigands ont inutilement fouillé ma maison. » Le prêtre dont il s'agit était M. Ménard, curé réfractaire du Mesnil-Adelée.

Le dit Claude Serrant dénonça donc Moulin et sa femme comme contre-révolutionnaires, Le Bas et Dodeman, membres du comité, pour n'avoir pas fait leur rapport sur ces propos d'auberge, dans la séance du 15 et du 16 messidor.

Le Comité envoya à l'agent national du District le compte-rendu de ses séances, qu'il fit suivre de la note suivante : « Le citoyen agent national est prié de faire passer au comité le résultat de sa façon de penser, au sujet des opérations comprises aux autres parts, et de lui marquer si c'est à lui à poursuivre en plus outre et de quelle manière il doit se comporter. Le citoyen Nicolle, président, va nous rapporter ce résultat. »

Nous ne savons quelle suite fut donnée à ces odieuses dénonciations.

IV

Guesdon était sur le point d'achever l'instruction de l'affaire du Mesnil-Gilbert, qu'il poursuivait depuis trois semaines avec tant d'ardeur, lorsqu'il apprit qu'une messe avait été célébrée, la nuit du 22 au 23 juin, dans la grange du village des Longschamps, à Beauficel. Il est étonnant qu'il ait ignoré aussi longtemps ce fait, dont on avait beaucoup parlé. Ces bruits avaient pris une telle consistance que la fermière des Longschamps, Madame Bellefontaine, justement effrayée, était allée avec une de ses filles trouver deux républicains bien connus, Georges-Bertrand Sonnet et la veuve Launay, qui habitaient le ci-devant presbytère de Brouains, pour s'assurer s'ils étaient au courant de ce qu'on disait dans le public et leur demander conseil sur ce qu'elle avait à faire. Ceux-ci lui avaient dit qu'ils connaissaient tout ce qui s'était passé chez elle, et que le seul moyen d'éviter les suites d'une affaire aussi compromettante était de passer une déclaration sincère devant l'agent national du District, qui se trouvait à Chérencé, chez le citoyen Lentaigne, au village des Grands-Champs.

Madame Bellefontaine parut d'abord accepter ce conseil : elle pria même la veuve Launay de l'accompagner le lendemain matin chez l'agent national, ou de lui donner au moins une lettre de recommandation. Mais elle essuya un refus formel. La citoyenne Launay et le sieur Sonnet ajoutèrent qu'ils la dénonceraient si elle ne suivait pas leur avis. En revenant chez elle Madame Bellefontaine rencontra quelqu'un qui la détourna d'aller à Chérencé. Ne sachant plus à quel parti s'arrêter, elle retourna le jour suivant, de grand matin, chez la veuve Launay et lui dit qu'elle hésitait beaucoup à tenir sa promesse de la veille, parce que sa déclaration compromettrait un grand nombre de personnes. La femme Launay la menaça de nouveau de la dénoncer ; ce qu'elle fit, car peu de jours après elle raconta ce qu'elle savait à l'agent national de Brouains, le sieur Norgeot, lequel s'empressa d'envoyer son rapport au citoyen Guesdon.

Celui-ci interrompit aussitôt ses séances à Chérencé et se transporta, le samedi 12 juillet (24 messidor), au village des Longschamps avec ledit Norgeot, afin de commencer une enquête sur cette nouvelle affaire.

Ecoutons-le raconter lui-même cette sinistre expédition :

« ... Mes recherches bientôt finies dans ce canton, sachant d'ailleurs que les plus grands coupables s'étaient évadés, j'appris qu'un autre rassemblement de cette nature avait eu lieu à Beauficel. Mes inquiétudes augmentèrent avec mon ardeur et je ne perdis pas un instant pour y porter mes pas et en arrêter les suites avec les chefs, s'il eut été possible. Je fus donc (et c'étoit le 24 messidor) dans cette commune, au village des Longs-Champs, lieu où le rassemblement s'étoit fait. Je demandai le détenteur de ce hameau avec sa famille ; il se rendit chez lui à mon invitation et abandonna momentanément la récolte de son foin, à laquelle il travaillait alors. Je fis part à la famille assemblée de l'objet de ma mission. Alors inquiets et agités ils me répondirent qu'il ne savaient ce que je leur demandais. Le mari m'ajouta fermement que c'était une pure calomnie. Mais bien instruit de ce qui s'était passé je persistai et dis qu'ils m'en imposaient ; qu'il m'était prouvé que des prêtres contre-révolutionnaires avaient dit la messe chez eux, et que, d'après les dépositions qui m'avaient été faites, je ne pourrais m'empêcher de les regarder comme leurs complices, s'ils ne me les décelaient en me déclarant la vérité, rien que la vérité et toute la vérité. Encore une fois ils furent interdits, et cette conduite me décela bien qu'ils avaient des connaissances qu'ils craignaient de me donner. Alors je les rassurai et leur promis que rien ne leur arriverait, s'ils voulaient être vrais, et qu'ils se missent bien en tête que je les regarderais aussi coupables d'outrepasser la vérité comme de demeurer en deça. Encore même embarras de leur part ; et le mary de dire qu'il n'avait aucune connaissance de ce que je lui disais. Je pris alors mon écharpe et le sommai, au nom du salut public, de me déclarer la vérité, et leur dis que s'ils ne voulaient pas, j'allais en dresser procèsverbal et le joindre aux renseignements contraires que j'avais, pour les faire passer de suite au Comité de Sûreté générale, qui infailliblement prendrait un parti rigoureux contre une opiniâtreté aussi criminelle. Ce fut à cet instant que prêt à partir ils me prièrent de recevoir leur déclaration. »

D'après Madame Bellefontaine les faits ne se seraient pas ainsi passés. Elle rapporta, en effet, dans sa déposition du 29 septembre suivant, (8 vendémaire) devant MM. J.-B. Bouillon, maire de Mortain, et Charles Glize qu'étant occupée à faner elle vit arriver deux étrangers ; qu'elle rentra chez elle avec eux, que le citoyen Guesdon se fit alors connaître et lui apprit le but de sa visite. Elle avoua, qu'elle avait fait dire une messe dans la nuit du 22 au 23 juin ; mais elle refusa de nommer les assistants. Le citoyen Guesdon, ayant alors recours au moyen qui lui réussissait toujours en pareil cas, la menaça « de la faire guillotiner et même brûler », si elle persistait à garder cette réserve. Madame Bellefontaine naturellement timide et très impressionnable tomba à ses pieds en lui demandant ce qu'il fallait faire pour sauver sa vie. Au même instant Guesdon, qui était assis sur une bancelle, se leva et passa à son cou un grand ruban rouge. Elle crut qu'on allait la tuer, et, sous l'empire de la terreur, elle fit une déclaration, « dont elle n'a pu, disait-elle, se rendre compte depuis. »

Guesdon rédigea un procès-verbal et le fit, en effet, signer par Mme Bellefontaine et ses deux filles présentes à la scène que nous venons de reproduire.

Nous nous contentons de donner les deux versions sans vouloir les discuter.

L'agent national ne put commencer aussitôt les interrogatoires, parce que l'enquête n'était pas suffisamment avancée. Il la termina, le dimanche, dressa la liste des prévenus et envoya des citations à ceux qu'il voulait faire comparaître immédiatement devant lui au presbytère de Brouains, où il s'était installé. Ce fut là qu'il reçut cette réponse de Le Carpentier au rapport qu'il lui avait adressé le dimanche précédent.

Valognes, le 25 messidor 2ᵉ année

« Le Carpentier, représentant du peuple, à l'agent national près le district de Mortain.

» Ta dépêche, citoyen, m'est arrivée fort à propos pour fixer mes idées sur les suites des troubles fanatiques et contre-révolutionnaires excités dans une partie du district de Mortain ; car la lettre que j'avais reçue précédemment de l'administration ne me satisfaisait d'aucune manière. Je vais mettre aussi dans la réponse que je te fais une différence, mesurée sur votre conduite réciproque. La tienne est véritablement révolutionnaire et j'y applaudis avec empressement ; donne la suite la plus active à tes perquisitions ; envoye, si déjà n'est fait, le signalement des prêtres conspirateurs, qui ont dû se refugier dans le Calvados, aux districts où ils auront pu trouver retraite ; poursuis, avec le même zèle, les ci-devant constitutionnels et les réfractaires qui ont également contribué à cet acte d'insurrection directe ; n'épargne aucun moyen pour t'assurer des chefs et des agents ; achève l'enquête le plus promptement possible et fais-la moi passer avec une liste de ceux des instigateurs, qui sont déjà en état d'arrestation, afin que je les fasse traduire sur le champ devant le tribunal révolutionnaire. Je n'ai rien à te dire d'après ce que tu m'as écrit, et ce que tu penses toi-même sur l'urgente nécesssité de la répression du fanatisme qu'il faut comprimer révolutionnairement, après avoir inutilement tenté de l'éclairer par les lumières de la raison. C'est l'ennemi le plus dangereux de la liberté ; qu'il soit enfin écrasé par la force de la république.

» Je compte sur ton zèle, compte sur mon autorité pour le seconder au besoin. J'espère aller dans quelque temps à Mortain, et je partirais sur-le-champ pour m'y rendre, si ma présence y devenait plus nécessaire que dans les différents autres points où j'organise tout à fait le gouvernement révolutionnaire.

» Salut et fraternité. »   Le Carpentier.

Le Carpentier, nous le voyons, approuvait la conduite de Guesdon et le poussait à toutes les violences. Son âme est tout entière dans cette lettre.

Mais il faut savoir en quelles circonstances il l'écrivit. De Coutances, où il avait signé, le 6 juillet, un arrêté traduisant devant le tribunal révolutionnaire vingt-quatre personnes, qui portèrent presque toutes leur tête sur l'échafaud, il s'était dirigé vers Carentan, afin de faire procéder à l'arrestation d'une dizaine d'individus de la commune de Gonfreville, coupables du même crime que les prévenus de Beauficel et du Mesnil-Gilbert. Il se rendit ensuite à Valognes, puis à Cherbourg, revint à Valognes et y dressa de nouvelles listes de suspects qu'il achemina aussi, les 20 et 24 juillet, vers le tribunal révolutionnaire de Paris. Il ne faut donc être surpris ni du ton de sa lettre, ni du zèle de l'agent national de Mortain à se montrer digne d'un tel protecteur et ami.

Le lundi 14 juillet (26 messidor), Guesdon fit comparaître devant lui au presbytère de Brouains le frère de M. l'abbé Bion, Pierre Bion, qui était en même temps secrétaire de la municipalité et capitaine de la garde nationale de Beauficel. Avons-nous besoin de dire qu'il fut immédiatement arrêté et mené à la prison de Mortain par les deux fusiliers qui étaient allé le chercher à son domicile ? Puis, on introduisit Marie-Anne Bechet et sa nièce, Jeanne-Louise Hamel, couturière, âgée de

23 ans, native de Sourdeval et domiciliée chez elle. Marie-Anne Bechet, qui était malade, fut consignée au corps de garde, en attendant qu'on pût la transporter à la maison d'arrêt de Mortain.

Le 15, Guesdon entendit Madeleine Ledru, femme de Jean Hamon, de Beauficel, âgée de 30 ans, et sa belle-mère, Madeleine Danguy, femme de Jacques Hamon, âgée de 62 ans; Marguerite Lejemble, dite les Buttes, du village de même nom, âgée de 20 ans, et enfin le cousin de M. l'abbé Bion, Pierre Bion, cultivateur, domicilié à Beauficel. Il était naturellement désigné aux sévérités de l'agent national ; aussi fut-il conduit le jour même en prison par les deux fusiliers Gilles et Jean Farcy, qui durent rapporter une décharge du geôlier.

Le 16 juillet (28 messidor), l'agent national revint à Chérencé-le-Roussel, pour y rédiger un rapport aux comités de Salut public et de Sûreté générale. Ce rapport, sauf quelques détails peu importants, que nous connaissons par ailleurs, n'est qu'une copie de celui qu'il avait envoyé à Le Carpentier. Aussi croyons-nous qu'il est inutile de le reproduire ici. Guesdon était de retour à Brouains, le jeudi 17 juillet. Ce jour-là il interrogea Suzanne Hamon, femme Danguy, âgée de 36 ans ; Michelle Guesdon, femme Boré, âgée de 40 ans, et Marie-Anne Danguy, fille Richard, âgée de 21 ans, toutes de Beauficel.

Ici finissent les procès-verbaux de l'instruction. Cependant plusieurs personnes furent encore interrogées ; car un membre du comité de surveillance de Beauficel, Julien Levasseur, et le secrétaire de la municipalité, Charles Ledoux, dont nous avons précédemment parlé, furent aussi écroués à la prison de Mortain, où ils subirent, probablement pour la seconde fois, un interrogatoire le 13 thermidor.

Le maire de Brouains, M. Julien Germain, âgé de 37 ans, ne put être arrêté immédiatement, parce qu'il était en mission dans le département des Côtes-du-Nord. On envoya dans le district de Broon, où il se trouvait alors, deux gendarmes, qui le ramenèrent à la prison de Mortain. Son interrogatoire eut lieu le 2 thermidor.

La servante du maire du Mesnil-Gilbert, Marguerite Girout, fut également arrêtée, le 4 du même mois, avec une autre femme de cette paroisse, nommée Marie-Anne Trochon.

Quel sort était réservé à ces nombreux prévenus, enfermés à

la prison de Mortain ? Il est certain qu'ils auraient été prochainement acheminés, comme ceux des districts d'Avranches, de Coutances, de Carentan, de Cherbourg et de Valognes vers le tribunal révolutionnaire de Paris. Le Carpentier le dit assez clairement dans sa lettre à Guesdon ; mais si l'on pouvait avoir encore quelque doute à cet égard, il suffirait pour les dissiper entièrement de lire ce passage de son rapport à la Convention en date du 29 fructidor An II : « De Granville, je partis pour Coutances, chef-lieu du département de la Manche, où m'appelaient plusieurs mesures administratives et révolutionnaires. Il s'agissait surtout de prévenir les suites de processions nocturnes qui avoient eu lieu presque en même temps, dans les deux districts de Carentan et de Mortain. Au moyen de ces mouvements ténébreux, dans lesquels le crime entraînait une multitude ignorante et susceptible d'excès, les directeurs du fanatisme pouvaient compromettre grandement la tranquillité publique. Il m'étoit même parvenu, par des avis secrets de la Commission des relations extérieures, que, malgré toutes les précautions prises, des prêtres réfractaires arrivaient la nuit de Gersey sur les côtes de la République, et se répandoient dans les campagnes pour y exciter des troubles fanatiques et contre-révolutionnaires : les faits et les circonstances étaient ainsi de nature à provoquer toute ma sollicitude. La plus exacte surveillance fut recommandée aux autorités civiles et militaires, pour saisir les causes et prévenir les faits de pareilles émeutes. Mais il étoit nécessaire de donner l'exemple d'une juste sévérité. Les individus reconnus les plus coupables parmi ceux qui avoient composé le rassemblement de Gonfréville, district de Carentan, (du nombre desquels étoient deux membres du comité de surveillance et le greffier de la municipalité), furent traduits devant le tribunal révolutionnaire. La même mesure auroit été prise par les mêmes raisons envers les instigateurs du rassemblement du district de Mortain, si l'étendue de l'enquête n'en eût différé l'envoi, qui me fut fait trop tard par l'administration du district (1). »

____

(1) Rapport du 29 fructidor An II. p. 107. — Nous donnons aux *Pièces justificatives* n° 2 le texte de l'arrêté que Le Carpentier prit, le 3 août suivant, c'est-à-dire quelques jours après la chûte de Robespierre, pour interdire les assemblées nocturnes et démolir les chapelles où elles se faisaient ordinairement.

La chûte de Robespierre, qui arriva au cours de ces événements, sauva ces malheureux de l'échafaud. La plupart profitèrent du décret du 21 messidor An II, aux termes duquel les prisonniers laboureurs, qui n'avaient pas été compromis dans des affaires concernant la sûreté de l'Etat, pouvaient être relaxés provisoirement pour faire les récoltes. Les campagnes étaient désertes depuis le départ des jeunes gens appelés aux frontières et la famine désolait le pays. Tous furent définitivement mis en liberté dans le courant du mois de septembre.

Les efforts tentés dans l'intérêt d'une grande cause ne sont jamais perdus. Alors même qu'ils ne sont pas immédiatement suivis d'effets appréciables, ils suscitent presque toujours dans un avenir plus ou moins prochain des dévouements qui amènent le triomphe. Aussi ces assemblées de protestation contre la tyrannie furent loin d'être inutiles. Leur premier résultat fut de surexciter l'opinion et de créer un mouvement de résistance qui se traduisit par de nombreux abattis d'arbres de la liberté et le refus de plusieurs jeunes gens de satisfaire à la loi du recrutement militaire. Ces réfractaires formèrent les premières bandes de la chouannerie dans le pays.

Le District de Mortain écrivait, le 6 fructidor, (23 août 1794) au comité révolutionnaire de cette ville, en lui transmettant son avis sur la supplique de M. Boussard réclamant la liberté de sa fille : « L'administration du District de Mortain renvoie le pétitionnaire au comité révolutionnaire de Mortain, en observant aux membres qui le composent qu'avant de prononcer, ils doivent bien se pénétrer de l'importance de ce rassemblement, qui a été l'exode des troubles qui agitent notre district en ce moment ainsi que les circonvoisins, et qui a été suivi de plusieurs abattis et mutilations d'arbres de la liberté (1);

____

(1) C'était le plus souvent pendant la nuit que les arbres de la liberté était mutilés ou abattus. L'administration prit le parti de les faire garder. Cette nouvelle charge, ajoutée à tant d'autres, mécontenta les populations et donna lieu quelquefois à des scènes qui ne manquaient pas d'originalité. A S. Pois le citoyen Gimard se cache pour ne point passer la nuit au pied de l'arbre « chéri », et sa femme répond à ceux qui viennent le requérir pour cet effet « que ceux qui veulent des gardes pour garder ce *bougre* d'arbre pouvaient en chercher et qu'elle s'en *foutait* et qu'ils le gardent comme ils le voudront. » (Arch. de la Manche, 1 *bis*, M. 4-4, An II).

que sans doute il est bien intéressant pour l'agriculture de lui rendre des bras ; mais qu'il faut arrêter par tous les moyens possibles les progrès du fanatisme, qui ferait de nos contrées une nouvelle Vendée…. »

Dans une autre lettre concernant Marguerite Girout l'agent national faisait encore remarquer au même comité « que depuis ce rassemblement les chouans et les fanatiques avaient levé la tête et cherchaient à opérer une contre-révolution, comme on en a dans ce district et les circonvoisins la trop malheureuse expérience ».

Les contre-révolutions suivent toujours de près les révolutions, quand celles-ci s'accomplissent au mépris de la vérité et de la justice, parce que la vérité et la justice sont les bases éternelles des sociétés, la garantie nécessaire de leur prospérité matérielle et de leur grandeur morale.

PIÈCES JUSTIFICATIVES

I

Rapport de l'agent national du district de Mortain, F. Guesdon, au représentant du peuple Le Carpentier, sur l'assemblée nocturne du Mesnil Gilbert.

Chérencey, 18 messidor 2ᵉ année de la République française, etc.
(6 juillet 1794)

LIBERTÉ, ÉGALITÉ, FRATERNITÉ

« L'agent national du district de Mortain au citoyen Le Carpentier, représentant du peuple dans le département de la Manche et autres environnants.

» Je viens d'apprendre, au fond de ma campagne, que tu m'avais accordé le secrétaire que je te demandais ; je t'en fais mes remerciments en te jurant un éternel amour pour notre mère commune.

» Je t'aviserai, n'ayant pu le faire plus tôt, que, dans la nuit du 5 au 6 du présent, deux scélérats prêtres réfractaires ont célébré une très grande messe dans une des communes les plus aristocratiques de notre district appelée le Mesnil-Gilbert. Huit cents fanatiques au moins se sont rendus au lieu désigné. D'après tous les renseignements que je me suis procurés, et dont je ne cesse de suivre les différents fils quelque tortueux qu'ils soient, un grand discours contre-révolutionnaire a été prononcé, et l'on s'y est efforcé de susciter l'indignation des assistants contre tous les hommes en place ; on a même provoqué au meurtre ; on y a engagé les pères et mères à laisser plutôt égorger leurs enfants que de les souffrir aller aux frontières et à plutôt tous souffrir le martyre que de se soumettre aux lois de notre gouvernement actuel. Bien sûrs de l'ignorance et du fanatisme outré de la multitude des auditeurs, ils se sont dits les envoyés immédiats de Dieu. Ce qu'il y a de bien singulier c'est que trois cy-devant prêtres constitutionnels se sont rendus au lieu de ces cérémonies et n'ont pu y assister qu'après avoir été purifiés, ce qui s'est opéré de la manière suivante : on les a reclus dans une mauvaise boulangerie ou toit à porc, d'où ils ne pouvaient communiquer avec qui que ce soit de la sainte assemblée, s'en étant rendus indignes par la prestation de serment. Ensuite on a chanté le *Veni Creator*, après quoi on a été pontificalement chercher les sots ou contre-révolutionnaires pénitens ; on les a amenés à l'autel, où ils se sont humblement prosternés devant le chargé des pouvoirs célestes et illimités ; là, ils ont juré, mais quoi ? La contre-révolution ! Ces trois nouveaux convertis sont les nommés Bion, natif de la commune de Beauficel, et cy-devant vicaire de la commune du Mesnil-tove ; Chapin, natif de celle de Saint-Pois, et cy-devant vicaire à Périers-en-Beauficel, et enfin Duhamel, cy-devant curé de Notre-Dame-de-Cresnay, le tout de notre arrondissement. Il y a plus : un agent national étant de naissance bon catholique, apostolique et romain et voulant mourir de même s'est aussi présenté et a juré de ne plus reprendre cette vilaine écharpe qui l'avait rendu scélérat et risquait à le précipiter malgré lui dans l'abyme enflammé.

» Le lendemain de cette espèce de messe de minuit, quelques patriotes m'avertirent du bruit qui courait, et, sur le simple soupçon, craignant tout des prêtres, je négligeai de prendre la purgation qu'on me présentoit, pour me lever et prendre les mesures nécessaires pour m'assurer de ces trois J. F. Je fus chercher trois vrais sans-culottes et les envoyai à la découverte ; mais ils m'apprirent, à mon grand regret, que ces trois fanatiques n'étaient point rentrés chez eux. Alors je devinai qu'ils n'y rentreraient peut-être pas, d'autant plus qu'on m'apprit qu'ils avaient tout vendu quelque temps auparavant. En effet, l'activité permanente de mes espions m'a prouvé que ces rejetons de Madame Théot n'étaient pas revenus chez eux et avaient préféré d'être les courriers du correspondant de Dieu et sûrement de toute la céleste cour. L'agent national a décampé aussi ; mais il n'est pas encore avec les saints prêtres, il ne fait que voltiger dans nos environs et j'espère que mes ruses le feront bientôt tomber dans nos filets.

» J'entends tous les jours des témoins et fais passser de rudes interrogatoires à tous les prévenus ; mais la chaîne est si longue et si tortueuse qu'il faut la plus grande patience pour la suivre et en toucher tous les maillons. J'ai déjà fait mettre en arrrestation trois colporteurs des nouvelles de cette grande cérémonie ; j'aurai occasion d'en mettre bientôt davantage, car à force d'interroger, j'approche des premières trompettes nocturnes, et c'est sur ceux-là seuls que je veux m'appesantir cherchant plutôt à ramener les idiots et les ignorants qu'à les punir. Ce qu'il y a de malheureux, c'est que je ne puis avoir aucuns renseignements sur les deux célébrants ; mais j'espère cependant les découvrir à force de recherches et de poursuites que je ne veux terminer qu'à la réussite ou à ma mort ; car on a déjà menacé de m'assassiner ; mais tu peux compter que ce projet ne me ralentira pas et qu'à l'aide de tes lumières que j'implore, je viendrai à bout d'étouffer ces monstres dès leur naissance et de préserver mon district des horreurs de la Vendée. Cette douce espérance sera le plus efficace des remèdes dont je ferai usage dans ma convalescence.

« Salut et fraternité inaltérable. »

Suit le post-scriptum que nous avons donné p. 30.

II

ARRÊTE

DU REPRÉSENTANT DU PEUPLE

LE CARPENTIER

Nous Représentant du Peuple, délégué par la Convention Nationale dans le Département de la Manche & autres environnans,

D'après les avis qui nous ont été donnés par plufieurs Administrations sur l'existence & la multiplicité de rassemble-mens contre-révolutionnaires dits *Proceffions nocturnes ;*

Considérant que ces mouvemens ténébreux sont un nouvel effet de la perfidie des ci-devant Prêtres qui, réunis à d'autres classes de malveillans, cherchent à entraîner dans des démarches séditieuses les Citoyens les moins éclairés, pour en faire de nouveaux prosélytes au fanatisme & de nouveaux ennemis au gouvernement Républicain ;

Considérant que l'inutile emploi des lumières & des exhor-tations prodiguées jusqu'à ce jour avertit qu'il est temps de faire succéder l'énergie révolutionnaire a une dangereuse tolérance ;

Considérant enfin que la liberté des cultes décrétée par la Convention Nationale ne peut en aucun temps, servir de prétexte à la perturbation de l'ordre ; que tout signe public d'un culte particulier est un outrage pour les autres cultes ; en un mot, que le salut de la République exige la fin d'une lutte déjà trop longue entre le fanatisme & la raison, le crime & la vertu, le royalisme & la Liberté ;

Arrêtons ce qui suit :

ARTICLE PREMIER.

Tout signe public de tout culte quelconque sera supprimé, & ses débris mis à l'écart.

II.

Sont compris dans la suppression ou démolition les bâtimens ci-devant connus sous le nom de *Chapelles*, & servant aujourd'hui 'de rendez-vous pour les rassemblemens fanatiques & contre-révolutionnaires.

III.

Sont réputés ennemis de la chose publique tous individus qui, sortant de leurs foyers pour troubler la paix des villes ou des campagnes, formeroient des processions nocturnes.

IV.

En conséquence, la force armée sera déployée contre eux; les instigateurs ou directeurs des attroupements seront saisis, conduits dans la maison d'arrêt & traduits comme conspirateurs devant le Comité de Sûreté générale de la Convention.

V.

Quant aux autres individus qui auroient été entraînés dans lesdits rasssemblemens, ils seront également saisis & conduits en la maison d'arrêt, pour être interrogés & traités ensuite selon le caractère de leur délit, & il sera rendu compte du tout aux Représentants du Peuple.

VI.

Les administrateurs de District & les Municipalités requerront autant que besoin sera, les Commandans de la force armée, qui demeurent chargés d'employer aussitôt tout moyen de rigueur & de prudence nécessaires, conjointement avec des Commiffaires des autorités constituées.

VII.

est expressément recommandé auxdites Autorités de veiller à la célébration de la Décade instituée par la loi, & de tenir note de ceux qui affecteroient de consacrer encore au ci-devant dimanche un temps qui appartient exclusivement à la Patrie.

VIII.

Le présent sera envoyé aux Départemens de la Manche, d'Ille & Vilaine, des Côtes-du-Nord & du Morbihan, qui sont invités à en transmettre aussitôt des expéditions à chacun des Districts de leur arrondissement, chargé de son exécution, à l'effet de quoi il sera imprimé & publié dans les formes ordinaires.

Port-Malo, le 16 Thermidor, l'an 2ᵉ de la République.

Signé LE CARPENTIER.

Certifié conforme. LE CARPENTIER.

Imprimerie Avranchinaise de Jules Durand, rues Boudrie et Quatre-Œufs

www.ingramcontent.com/pod-product-compliance
Lightning Source LLC
Chambersburg PA
CBHW061239030726
47595CB00004B/1613